新時代の保育双書

保育内容
環　境
[第3版]

みらい

執筆者一覧（五十音順：○＝編者）

氏名	所属	担当
○秋田　喜代美	（学習院大学）	第1章
石井　恭子	（玉川大学）	第7章第4節
石田　佳織	（園庭研究所）	第6章第4節
大澤　洋美	（東京成徳短期大学）	第4章
岡田　真智子	（元　愛知学泉短期大学）	実践編4
加藤　寿子	（常葉大学短期大学部）	実践編3
亀ヶ谷　忠宏	（宮前幼稚園）	第8章
久留島　太郎	（植草学園短期大学）	実践編6
齊藤　勇紀	（新潟青陵大学）	実践編8
志村　聡子	（立正大学）	第3章
瀧川　光治	（大阪総合保育大学）	第6章第1・2・3節
辻谷　真知子	（お茶の水女子大学）	第5章第4節
中西　昌子	（京都市教育委員会）	第7章第1・2・3節
○増田　時枝	（元　聖心女子専門学校）	実践編1
松本　純子	（東京成徳短期大学）	実践編7
水野　佳津子	（佼成育子園）	実践編2
○箕輪　潤子	（武蔵野大学）	第5章第1・2・5節2・3
○安見　克夫	（板橋富士見幼稚園）	第2章、第5章第3・5節1・4、実践編5
山崎　莉奈	（板橋富士見幼稚園）	第5章第3節、実践編5

イラスト……杉山範子（劇団　パネル劇場（シアター）　ぱねるっぱ）

はじめに

　本書初版は、21世紀の社会の子どもたちの育ちにふさわしい保育環境を考えるテキストとして2006（平成18）年に刊行しました。そして、2008（平成20）年度からの保育所保育指針や幼稚園教育要領の改訂にあわせて第2版では一部新たな内容を加え、おかげさまでこの12年間毎年教科書として採用いただいてきました。この度、2018（平成30）年度からの幼稚園教育要領、保育所保育指針、幼保連携型認定こども園教育・保育要領の改訂や、教職課程コアカリキュラム、保育士養成課程等の見直しに関する報告書に基づき、内容も新たに第3版として刊行することとなりました。最新の考え方も入っています。そこで一部の筆者と編者に若手が加わることで、さらなるパワーアップをはかることといたしました。

　本書の特色は、これからの保育者に求められる専門性を考え、知識と同時に実践を考えてもらう機会を増やすべく理論編と実践編に分けたことです。理論編では、領域「環境」の基本的な考え方や、具体的な保育空間や状況でどのようにすることが環境を構成することになるのかを理解できるようにしました。多様な観点から、さまざまな場の環境についてのイメージを具体的にもっていただけるような章立てとしました。読者の皆様に、実感をもって納得してもらえることを願って書きました。

　実践編では、理論編で学んだことを踏まえ、実際に自分が保育者だったらどのように考えるか、どのようにするかというように、事例を通して具体的に「環境」を考え、受講生同士が語り合えるようなシミュレーション式のワークができる構成としました。これからの社会に求められる保育者は、保育者養成校で教わった基本的な知識や技能と資格を持つだけではなく、実際に出会うであろう各々の場面で、その知識を使って子どもの心情を理解し、子どもに対してどのようにかかわるのか、どのように援助するのかを自ら考え、判断し、行動し、振り返り、学び続けていくことが重要です。医者や弁護士と同じように、さまざまな事例から学ぶことで見識を深めるのが専門家の学び方です。他者との対話を通して行動のレパートリーとして豊かな知恵袋を持っていることが大切です。本書では、事例をまず一人で考えてもらえるようになっています。そして受講生同士で話し合って演習に使用したり、園内研修の中で話し合ったりするなど、主体的・対話的で深い学びのための教材として、広くいろいろな形で活用し、環境についてさらに理解を深めてもらえることを期待しております。

　「環境を通した教育」は日本の保育の基本です。なかでも領域「環境」は、他国にはない独自領域であり、多様な環境について理解を深めることで、子どもの育ちの豊かさを保障する大事な領域です。本書が、保育のおもしろさと豊かさを知る一助となれば幸いです。

　　　2018年1月

編者を代表して　秋　田　喜代美

●目　次●

第1部　基礎編　―保育における領域「環境」の理解―

第1章　保育と環境

第1節　子どもにとっての「環境」……………………………………………………………10
　　1 ── 日常と保育で使われる意味の違い／10
　　2 ── 意味のある関係としての環境／11
　　3 ── 保育環境の質を保障するために／12
第2節　発達にふさわしい環境の構成 …………………………………………………………15
　　1 ──「発達にふさわしい」とは／15
　　2 ── 時代の要請に応じた環境／16
　　3 ── デザインし構成するものとしての環境／17
コラム：園庭探検とマップ／19

第2章　領域「環境」のとらえ方と考え方

第1節　子どもにとって魅力ある園環境とは……………………………………………………20
第2節　保育の基本をふまえた領域「環境」とは ……………………………………………22
　　1 ── 環境のあり方と保育の基本／22
　　2 ── 幼稚園教育要領、保育所保育指針、幼保連携型認定こども園教育・保育要領の
　　　　　基本的視点／23
　　3 ── 幼稚園教育要領における「環境」／24
第3節　乳児と領域「環境」―乳児・3歳未満児の保育環境― ……………………………25
　　1　乳児保育における環境／25
　　2　1歳以上3歳未満児における環境／27
第4節　幼児と領域「環境」―3歳以上児の保育環境― ……………………………………29
第5節　新しい時代に向けた保育環境とは ……………………………………………………31

第3章　保育環境の構成―子どもたちもその担い手に―

第1節　環境について考える―あるエピソードから― ………………………………………33
第2節　遊びのきっかけとなる環境の構成 ……………………………………………………34
　　1 ── 3法令にみる領域「環境」のねらい―キーワードとしての「好奇心」―／34
　　2 ── 遊びのきっかけとなる環境の構成／35
　　3 ── 子どもたちの興味関心を踏まえた環境の構成／36

第3節　遊びが安定・持続・展開する環境構成 ……………………………………38
 1 —— 遊びが安定・持続・展開する環境の構成／38
 2 —— 試行錯誤や工夫が生まれる環境の構成／39
コラム：環境教育／41

第4章　友だちや保育者とともに育つ —人的環境—

第1節　子どもにとっての保育者の意味 ……………………………………………42
 1 —— 愛着や信頼関係の積み重ねが主体性につながる／43
 2 —— 心をひきつける保育者／44
 3 —— 思いをつなぐ保育者／45

第2節　保育者にとっての子どもの意味 ……………………………………………46
 1 —— 子どもから知らされる／46
 2 —— さまざまなとらえ方を教えてくれる／47

第3節　子どもにとっての友だち ……………………………………………………48
 1 —— 友だちがいてくれる心地よさ／48
 2 —— 挑戦意欲の高まりに／49
 3 —— 対話的な学びの基礎に／50

第4節　異年齢の子どもやさまざまな人とのかかわり ……………………………50
 1 —— 近隣の小中学校と／51
 2 —— 異年齢のかかわり／51
 3 —— 高齢者とのかかわり／51
 4 —— 地域の応援団、ゲストティーチャー／52

第5章　豊かな生活を育む環境をデザインする —物的環境—

第1節　乳幼児にとって魅力ある保育環境をデザインする …………………………53
 1 —— 保育環境をデザインする／53
 2 —— 保育環境のデザインと物的環境／54
 3 —— 乳幼児にとって魅力ある環境とは／56

第2節　屋内環境をデザインする —子どもの生活や遊びを豊かにする環境— ………60
 1 —— 保育室／60
 2 —— 遊戯室・ホール／62
 3 —— テラスや廊下／64

第3節　物「素材・道具」とのかかわり ……………………………………………65
 1 —— 教材としての素材や道具・生き物／65
 2 —— 好奇心や試行錯誤、工夫の育ち —水族館の事例から—／66

第4節　屋外環境をデザインする—園庭のもつ意味の重要性— ……73
　　1 —— 遊びのための屋外環境としての園庭／73
　　2 —— さまざまな園庭と子どもの経験／76
第5節　生活に必要な文字や数、量などにふれる ……79
　　1 —— 数／79
　　2 —— 量／80
　　3 —— 図　形／81
　　4 —— 文　字／82

第6章　生き物や植物、自然の事象に関心をもつ—自然環境—

第1節　自然の事象への関心 ……84
　　1 —— 四季の変化にふれて生活する／84
　　2 —— 季節の変化と年中行事／85
第2節　自然や身近な動植物とかかわる保育と領域「環境」 ……86
　　1 —— 領域「環境」の内容から／86
　　2 —— 自然や身近な動植物とかかわる保育のための保育者の役割／88
　　3 —— 幼児期の終わりまでに育ってほしい姿—「自然との関わり・生命尊重」—／88
　　4 —— 具体的な活動や保育環境の工夫／89
第3節　生き物や植物とのかかわりの基礎知識 ……91
　　1 —— 身近な小動物や昆虫とのかかわり／91
　　2 —— 身近な植物と草花や野菜の栽培／92
第4節　自然環境と持続可能な社会 ……95
　　1 —— 子どもと持続可能な社会／95
　　2 —— 自然環境と園庭／96

第7章　自分を取り巻く社会の文化にふれる—社会的環境—

第1節　園生活における行事の意義 ……101
　　1 —— 儀式的行事／101
　　2 —— 学芸的行事／103
　　3 —— 健康・安全・体育的行事／103
　　4 —— 遠足・宿泊的行事／103
第2節　園内の身近な社会文化にふれて育つ ……104
　　1 —— 身近な物にかかわり、大切にする／104
　　2 —— 身近な文化としての絵本や物語／104
　　3 —— 視聴覚教材や情報機器を活用する／105

         4 ── 国旗に親しむ／105
　第3節　地域環境や地域の人々とふれあう ……………………………………………………106
         1 ── 地域や社会に出会う―身近な施設に親しみをもつ―／106
         2 ── 地域の人々との継続的な交流／107
　第4節　小学校との連携 ………………………………………………………………………112
         1 ── 小学校との連携とは／112
         2 ── 小学校との交流／114
         3 ── スタートカリキュラム／115

第8章　子どもを守る安全な環境

　第1節　「安全」「命を守る」ことが絶対条件 ……………………………………………119
　第2節　安全な環境を脅かす要因 ……………………………………………………………120
         1 ── アクシデント（事故）／121
         2 ── ハザードとリスク／121
　第3節　リスクと遊びの両立 …………………………………………………………………123
         1 ── 遊びのなかにあるリスク／123
         2 ── リスクと子どもの育ち／124
         3 ── 保育者の配慮／125
　第4節　ヒヤリ・ハットを生かす ……………………………………………………………125

第2部　実践編　－環境を通した活動の実際－

1　環境にかかわる子どもの姿　　128

　(1)　発達にふさわしい環境を構成するということ／128
　(2)　子どもの行為がどの育ちの芽になっていくかを見極める／129
　(3)　一人ひとりの子どもの育ちの側面を理解する／130

2　乳児（0歳児・3歳未満児）と環境の事例　　132

　(1)　乳児（0歳児）と環境とのかかわり／132
　(2)　乳児（2歳児）と環境とのかかわり／134

3　友だちとの遊びを広げながら育つ事例　　137

　(1)　友だちとのかかわりによる遊びの広がり／137

- (2) 友だちとのかかわりによる遊びの継続／138
- (3) 友だちとのかかわりによる遊びの継続と広がり／140

4 子どもと保育者、異年齢とのかかわりの中で育つ事例　142

- (1) 子どもと保育者の信頼関係の構築／142
- (2) 子どもから刺激を受けて、保育のあり方に気づいていく／144
- (3) 小さい年齢の子どもが大きい年齢の子どもから受ける影響や刺激／146
- (4) 大きい年齢の子どもが小さい年齢の子どもから受ける影響や刺激／147

5 魅力のある屋外環境と屋内環境の事例　150

- (1) 魅力のある屋外環境／150
- (2) 魅力のある屋内環境／153

6 生き物、自然現象とかかわる事例　156

- (1) 生き物とかかわる事例／156
- (2) 植物・栽培にかかわる事例／158
- (3) 自然現象とかかわる事例／160

7 文字や数量への興味関心に関する事例　162

- (1) 文字への興味・関心を育てる事例／162
- (2) 数量への興味・関心を育てる事例／165

8 園行事や地域との交流の事例　168

- (1) 生活発表会／168
- (2) 運動会／169
- (3) 地域の発見／170
- (4) 多文化を理解する／172

索引／174

第1部　基礎編

保育における領域「環境」の理解

第1章 保育と環境

◆キーポイント◆

保育において「環境」とは具体的に何を指すのだろうか。本章では、「子どもにとっての環境」についての基本的な考え方と、なぜ領域「環境」が重要なのか、また保育で環境をデザインするとは何をすることかを順に考えていきたい。

第1節 ● 子どもにとっての「環境」

1 ── 日常と保育で使われる意味の違い

「環境」。この言葉からどのようなことをイメージされるだろうか。緑豊かな自然環境、公害などの環境汚染、家庭環境など、さまざまな言葉が浮かぶかもしれない。「環境」という語を辞書（広辞苑）で引くと、「人間または生物をとりまき、それと相互作用を及ぼしあうものとしてみた外界。自然的環境と社会的環境とがある」と書かれている。この説明からは、子どもや私たちをとりまいて外側にある世界全体を指すものととらえられるだろう。つまり、環境は、誰にとっても同じ共通する事物を意味しているととらえられる。これは、環境についての客観的な見方である。

しかし保育の専門家として、保育における「環境」について考えるときには、私たちの外側にあるもののなかでも、ある事物や場に子どもはどのようにかかわっているのか、子どもたちのくらしや遊び、学びにとって、その事物や場はどのような機能や意味をもつものなのか、保育者は子どもに園でどのような経験をしてもらいたいのかという点から、周りのものをみる見方、子どもの気持ちや興味関心に寄りそった主観的見方、人とものとの関係や人とのかかわりという間主観的見方で、環境を考えることが必要である。つまり、環境は、園にいる子どもや保育者、保護者にとってある意味が与えられたときに初めて、保育の環境として機能することになる。子どもと周りの事物や人が出会いつながったときに、それは環境として意味をもってくる。その意味を問い、構成するのが、保育における「環境」の考え方である。

たとえば、壁面に花の写真が貼ってあるとしよう。それが子どもの目線の高さにあり、子どもに何か心が魅かれるものがあったときには、その写真は環境としての意味をもつだろう。園で咲いている花の拡大写真や、誰かの家の花の写真、珍しい花や遠足で見つけた花の写真や、植えたときから成長し花が咲くまでの過程の観察写真などの場合には、それに注目してとどまる子どもがいるだろう。そして、そこにとどまっているその子どもの姿を見て、他の子どももその写真に魅かれていくことになる。しかし、もし子どもの目線では見えない高さに写真があったり、新学年が始まってからずっと貼られたままで誰もそれに目をとめなくなっていたりというように、貼られた位置や時期が適切でない場合には、子どもにとって意味あるものではないので、保育の環境とはなっていない。

同じように、「地域」を考えてみよう。「地域」は自分の住んでいる町や場所を指す言葉である。そこにある町や店、図書館や施設などの場所を訪れ、人やものと子どもの間に関係ができて初めて、そこに愛着が生まれ、意味ある空間となる。子どもにとってかかわりのある人やお店・公園などができたり、散策していろいろな花や鳥がいることに気づいたり、おもしろい場所を発見したりしたときに初めて、地域はその子にとって「環境としての地域」になる。現在、戸外環境として、限られた園庭や代替地等の場合には、園庭だけではなく「拡張された園庭」として、足しげく通う公園や広場なども大事な環境となる。施設がそこにあるというだけではなく、興味関心のもてるつながりを子どもとその施設の間につくる機会を、保育者が与えることが大切なのである。ある5歳児担任の保育者は、進級し新たな仲間も加わったクラスで、園庭や地域に来る鳥や自然の写真を撮り、それでカードをつくって同じ写真の子が同じグループになることを試みた。それによって子どもたちは自然にその鳥や花をどこでみたか、なんという名前かなど身のまわりの自然環境に関心をもち始め、戸外でも自分たちのグループの自然物や生き物に特に愛着をもつようになっていった。このように、環境は、出会いの連鎖を通してより深く子どもたちとつながっていくものである。

2 ── 意味のある関係としての環境

環境は、子どもや保育者が出会い、かかわり、つくり出した意味の網の目のなかにある。新たな出会いの可能性をもった人や物、場のネットワークが環境であるといえる。この意味で、子どもの周りに何か物があれば環境であるという考え方ではなく、子どもとともに、子どもとの間に環境は構成され

ていくものと考えることが大切である。

「寒い、温かい、明るい、どんよりしている、なつかしいにおい、ひんやりとしている」などの感覚、温度や光、天候、木々の香りなど、目には見えなくても五感で感じとれる情報もまた、子どもたちにとっての重要な環境である。子どもが何かのきっかけによって注意を向け、感じとるチャンスが与えられることで環境になる。たとえば砂場の砂を考えてみよう。固まった状態、湿った状態、掘り起こされてやわらかくなった状態、水が入れられた状態など、園庭に砂場があるというだけではなく、砂の状態によって遊びは変化してくる。したがって、子どもたちの遊びの展開を見ながら、どのような状態を砂場に準備しておくのがよいかを考えることが大切になってくる。

このような意味で、保育者は育ちゆく子どもの状況、移り変わる事物の状況に目を配り、時をとらえて子どもと事物との出会いの機会を準備する役割を担っているといえる。

目の前の子どもの興味・関心や具体的な姿をとらえる「子どもの姿の読み取り・評価」、それをもとに発達を見通し、こんなふうに伸びていくといいなという「保育者の願い」が生まれる。そして、その実現のためにどのような活動を展開すればよいかの「保育の構想・計画」が生まれ、子どもが主体的にかかわりたくなるような「環境の構成」をデザインすることになる。さらに、そこでの子どもの姿から、こんな援助をすればもっと発展するかもという思いが生まれ「環境の再構成」が生じる[1]。このサイクルを通して環境をデザインしていくことが、意味ある環境を具体的に生み出していく保育実践になる。

3 ── 保育環境の質を保障するために

(1) 環境を通しての教育

「環境を通しての教育」。保育においては、保育者は教育の意図を保育環境のなかに埋め込み、子どもたちはその環境と出会っていくことが求められる。つまり、小学校以上での授業のように、教科書を使って言葉で説明して教える教育とは教育方法の構造が基本的に異なり、子どもにとって出会うことが望ましいと思われる環境を保育のなかに準備し、子どもたちがその環境と出会い、主体的にかかわることを援助することが、保育における基本である。そのために保育者は、子どもが主体的にかかわり選ぶことができるような「適当な環境」(学校教育法22条) を準備することが重要である。

保育は保育者という専門家が一定の時間子どもを預かって行う仕事である。子どもの発達にとって必要で、ふさわしいと思える環境とのかかわりを偏りなく経験させるために、子どもの発達や保育教材、保育方法などの専門的知識を背景に、保育者が適当な環境を子どもとともに準備構成していく。

(2) 構造の質と過程の質

保育環境には、「構造の質」と「過程の質」という二つの面がある[2]。「構造の質」とは、空間の広さや間取り、配置、保育者と子どもの比率や学級の人数、預かる時間など、園であらかじめ決まっている比較的不動の面である。子どもが生活をするのに安全で、衛生的であること、大人の目が届き、さまざまな活動をするのに必要な広さの空間があることが保障されることが、まずは保育の基盤となる。

そして「過程の質」とは、保育が進められていくなかで保育者と子どもとのやりとり、子ども同士のやりとりがどのような形のものであるのか、空間がどのように伸縮自在・柔軟に構成され、そこでどのような活動がどれぐらい継続してなされているのか、個人的な日常のケアはどのように行われているのかといった、子どもたちが直接経験する保育活動の質、その活動のために用意される可動する環境の質である。日々の保育環境を考えていくには、この「過程の質」が子どもにとって意味あるものとなっているかを確かめていくことが大切である。

また「構造の質」と「過程の質」はそれぞれ独立ではなく、相互にかかわりあっている。たとえば、場は狭くてもそこでの工夫によってやりとりを深めることも可能である。このような関係を支えているのが「志向性の質」、その園の保育では何を大事にするのかということである。たとえば園庭での遊びを考えたときに、グラウンドでの運動遊びを大事にしたいのか、自分の身を守る危険予知や自己防衛のスキルを育てたいのか、動植物や自然の探究や水・砂・土の遊びを大事にしたいのかなどによって、その場の活用の仕方は変わってくる。室内のイスや机の使用も、どのような保育方法でいかなる活動を主活動にするかで変わってくる。そして、よりよい保育の可能性を職員全員で振り返ってみようとするのが「モニタリングの質」と呼ばれる振り返り評価の質となる。保育の質という視点から環境を見るときにも多様な視点が考えられる[3]。

(3) 教育課程や全体的な計画における領域「環境」

保育において、過程の質を保証するソフトウェアとして働くのが、教育課

程や全体的な計画である。教育課程や全体的な計画は、園全体で何を育てるために、それぞれの時期に応じてどのような活動をいかに行っていくのかの方向性を与えるために考えられた地図ということができる。

　幼稚園教育要領、保育所保育指針、幼保連携型認定こども園教育・保育要領では、5領域の一つに「環境」がある。この領域名は1989（平成元）年から使用されている。詳しくは次章で説明されるが、幼稚園教育要領では「周囲の様々な環境に好奇心や探求心をもって関わり、それらを生活に取り入れていこうとする力を養う」ことを目標に、3つのねらい「身近な環境に親しみ、自然と触れ合う中で様々な事象に興味や関心をもつ」「身近な環境に自分から関わり、発見を楽しんだり、考えたりし、それを生活に取り入れようとする」「身近な事象を見たり、考えたり、扱ったりする中で、物の性質や数量、文字などに対する感覚を豊かにする」があり、さらに12の内容から構成される。そして2017（平成29）年の改訂においては、保育所保育指針、幼保連携型認定こども園教育・保育要領で、乳児保育、1歳以上3歳未満の保育、3歳以上の保育の内容のそれぞれに、「環境」のねらいや内容が書かれている。

　「環境」というと、自然環境を思い浮かべる人もいるだろう。しかし、ものや数量、文字、生活に関係の深い情報や施設、行事など社会文化的環境も内容として含まれる。なぜ社会的環境や文字や数量まで含まれるのだろうか。

　環境には、自然環境だけではなく社会文化的環境もあり、物的環境や人的環境など、実際にはさまざまな要素がからみあっている。たとえば、魚の水槽のわきにその魚の写真と名前が書かれている。そしてエサを何杯やったらよいかが書かれており、当番が誰かがわかるようになっているといった一つの場面を考えても、子どもたちが行う活動を支えるには、自然、文字、数量、社会などのさまざまな要素が入った環境が連なっていることがわかるだろう。お店屋さんごっこに取り組もうとするときにも、数量や文字、社会、季節の野菜や果物など、さまざまなものがそこに入り込んでくる。したがって、保育の環境は、自然環境、文字環境、数量環境、社会環境などとわけて準備し指導するのではなく、子どもたちの活動の展開に沿って、さまざまな種類の環境が一体となってうめ込まれて、子どもたちが環境にかかわり働きかけられるようにしておくことが大切である。

　そして、幼稚園教育要領等の領域「環境」のねらいのなかで何度も述べられている「身近な環境」という言葉の意味を考えることも重要である。何か特別な知識や技能を取り出して教えるのは、子どもの生活や遊びからみて特別な場面であり、子どもにとって親しみのあるくらしの場所としての身近な環境ではない。さまざまなものを早く覚えてほしいと大人側が特別な教材を

準備しても、それは子どもにとって身近な環境ではなく、特別にしつらえられた場面である。「身近」とは、いつでも何度でも出会うことができ、生活のなかにあり、子どもの目線からみて遊びやくらしのなかで慣れ親しむことができる、子どもが手を伸ばせばかかわることができる範囲の環境を示していると考えられる。慣れ親しむことのできる環境だからこそ、子どもはいろいろな手がかりを自分で選んで使い、能力を十二分に発揮することができる。子どもの有能さを最も発揮できる場所が、身近な環境である。子どもの活動を軸に教育課程や全体的な計画を考え、環境を構成することの必要性を意識させてくれるのが、領域「環境」である。

第2節 ● 発達にふさわしい環境の構成

1 ── 「発達にふさわしい」とは

　子どもが喜び好むものを準備することと、子どもにとって意味ある環境を準備することは、同じではない。家庭でスマートフォンやテレビやビデオを長時間見ている子どもに、それらが好きだからといって、保育のなかでも自由に見せていただけであるならば、子どもの活動はバーチャル体験だけになり、偏りがでてくるだろう。映像やICT[※1]機器を保育中に使うならば、どのような場面を、なぜ使うのかを事前に考えて、保育者もともに使うことが必要になる。また大人に面倒をみてもらいたいと甘えてばかりの子どもでも、集団のなかでは「自分のことを自分でする」ということを覚え、また仲間に助けてもらったり仲間から学べるようにかかわったりすることが、その子どもの発達にとってふさわしい環境ということにもなる。保育は、子どもの今ここでの状況だけではなく、子どもの発達の歴史や特性、クラスの子どもたちの育ちをふまえながら、その子の育っていく先を見通して、育ちゆく一歩先の未来へと働きかけていくことが必要である。

　たとえば、3歳後半で三輪車にかなり乗れる子どもであるなら、三輪車置き場に三輪車があることで十分だろう。しかしまだ不安定な3歳前半ならそこから園庭へと補助線が少しだけ引かれていることで、その線を手がかりにして一歩を踏み出せるかもしれない。4月の入園当初であれば、ものが少し出されて遊びの状況がつくられていくことで、安心してその遊びを始められるかもしれない。ままごとの冷蔵庫を開けたときに何かが入っていることで、

※1　ICT
ICTとは、Information Communication Technology（情報技術）の略で「情報コミュニケーション技術」のことである。Webサイト、映像資料などのソフトウェアや、デジタルカメラ、ビデオカメラ、プロジェクタ、パソコン、タブレット端末などのハードウェアなどがあげられる。

次の一歩として自分も何かを入れてみようと思うかもしれない。しかし、自分たちだけでかなり遊べるようになっていれば、新たにものを出して遊ぶ場を自分たちでつくりだしていくことが、遊びのイメージを子どもたち同士で一緒につくっていくのに有効だろう。空っぽの冷蔵庫を自分たちのイメージでうめていく作業も可能になっていくことであろう。年齢によって、1年のなかでも時期によって、どのような環境を準備しておくのがよいのかは、異なっている。「発達にふさわしい」とは、子どもの年齢相応、個々の心身の発達に相応であることだけではなく、その園の保育のなかでの遊びの経験に応じた応答的環境をつくっていくことでもある。

2 ── 時代の要請に応じた環境

　発達は、子どもたちが生きる時代の変化を受ける。かつては家庭でも自然のなかで土や砂にふれ、友だちとともに虫を捕まえたり、実を拾ったりする経験が豊かにできた時代もあった。けれども今では、意図的にそのような場に立ち合わせるよう準備しなければならない時代となっている。
　あるいは体操教室やスポーツ教室で個人技能は培えても、子どもたち同士で十分に走り回って鬼遊びをしたり、自分たちでさまざまな運動遊びを考え出したりして挑戦していく機会は少なくなってきている。幼児期にこそ経験させておきたいものの、現在の家庭や地域だけでは準備がむずかしい環境を保育において準備することも、文化のなかで育つ子どものために重要である。
　言い換えれば、子どもの育ちをその時代の遊びの経験や家庭環境との関係からとらえて、園での環境構成を意識することが必要なのである。たとえば、活字や絵本がほとんど周りにない時代の子どもたちの発達にふさわしい園の環境を考えた場合と、家庭でも文字や情報に囲まれて育つ時代の子どもたちにふさわしい園の環境を考えた場合とでは、同じ年齢であってもそこに準備するべき環境は違っているのである。
　環境は、保育者だけではなく、子どもたちの手によってもつくりだされる。保育者がすべてお膳立てしレールを敷いた環境のなかでいわれたことをするのではなく、子どもたち自身が選び参加し工夫できる余地のある「適当な環境」が必要である。遊びの展開のなかで、大人の発想を超え、子どもたちの着想で必要と思われるさまざまなものが持ち込まれ、協同で大きな家がつくり出されたり、基地や遊園地がつくられたりする。その家や基地、遊園地が、また次の遊びを引き出し生み出していく。発達にふさわしい環境は、保育者とともに子ども自身が参画した活動の足跡やその場で生成される発想を含み

デザイン前

隣接する学校との裏

デザイン後

さまざまな感覚を培う小道へ

休憩できる場の設定

乳児にとっての落ちつき場所

写真1-1　園の裏道のリデザイン（写真提供：旧品川区立二葉幼稚園）

ながらつくられ、つくりかえられていくものである。

　時には保護者も畑をつくったり、苗を植えたり、子どもだけではむずかしい木工づくりや料理に参加するなど、保育の活動と環境づくりに参加することで、その場やものに愛着をもち、子どもの遊びへの理解も深まっていく。この意味で、子ども、保育者、保護者、地域の人など、さまざまな人の手によって、保育環境はともに構成され続けていくといえるだろう。

3 ── デザインし構成するものとしての環境

　「空間は第3の教育者である」という言葉がある[4]。写真1-1を見てもらいたい。

　園の裏の細い道の部分を、子どもたちにいろいろなことを感じてもらう場にしようと、保育者や保護者が一緒になってデザインし改良したものである。

改善前には、この道は子どもたちがほとんど行かない場所であったが、さまざまな素材を置くことによって、子どもたちが歩きながら足の裏でいろいろな道の固さを感じたり、遊具を持ち込んだりして小さな子どもが落ち着いて遊ぶ場へと変わった例である。そこに、環境をデザインし構成することのおもしろさ、保育者の個性、園の個性が発揮される。そのため保育者は、「これは変えることができない場所」「この場所でこのように使う物」と決めてかからずに、柔軟な発想で、さまざまなものをさまざまな場や活動とつないで考えてみることが大切である。

　同じ場所、広さでもどこにどのようなものを配置するのかによって変わってくる。絵本でも表紙がみえているのか、ただ並んでいるのか、乱雑にその場所に置かれているのか。その並べ方が子どもたちの経験に影響を与えていく。子どもたちは、ものがどのように保育者やまわりの子どもたちによって扱われているのかを見て、ものの扱いを学んでいく。環境から見て学ぶことの影響は大きい。

　保育の場は、複数の子どもたちが一緒にさまざまな活動をする場である。したがって、子どもたち相互の活動の動線を考え、それぞれの場に意味を与えていくことも大切である。製作する場、動いて遊ぶ場、落ち着いて本を見る場、集まる場などいろいろな場がある。固定されていることで安心してかかわれるという面と、活動に応じて柔軟に伸縮自在の空間や時間をデザインすることの両面を備えることが、子どもの活動の展開にふさわしい環境づくりのために大切である。そしてその環境へと子どもたちの目を向けるためのつなぎ手となるのが、保育者である。

　そこで次章からは、領域「環境」においてどのように保育者が環境をデザインし、かかわっていくことが必要かを、さらに具体的にみていくことにしよう。

●「第1章」学びの確認
①1989（平成元）年からの改訂ごとに、幼稚園教育要領では領域「環境」の文言はどのように変わってきているか、変わっていないところはどこかを確認しまとめてみよう。
②発達にふさわしい室内環境として、乳児、3歳未満児、3・4・5歳児のそれぞれで大事にしたいことは何かを自分なりに考え、隣の人と話し合ってみよう。
●発展的な学びへ
①自然環境を豊かにするために、園の環境構成において大事なことを考えてみよう。
②自分の住む地域において、幼児が活用できる社会文化的環境としてどのようなことがあるかを話し合ってみよう。

●○● コラム ●○●

園庭探検とマップ

　園庭にある植物がどのようなものか、年長の子どもたちと一緒に保育者もよく見てみよう。見ているようで気づいていないことや知っているつもりで知らない草花が多いことに気がつくだろう。園庭に実のなる植物やさまざまな形の葉の木などがあることを発見したら、園庭マップを作成し皆でその発見を共有できるよう一緒に見たり、掲示するのもよいだろう。

　「ハートの形をしていて、葉っぱのふちがピンクなの、何の葉っぱか知ってる？」「スミレ？」「ブッブー、違います。どくだみでした」。園庭探検をした子どもが家に帰って、親子で交わした会話の一場面である。家庭との連携にもつながっている。この時期にはこの花や実があると、保育者が知っていると、いつ頃どのようにその実を活用しようか、花をつんでもよいことにしようかなど、予想をたてることができる。草木も大切な環境であり、教材である。名前を教えることを目的にするのではなく、その草木をめぐってどのような活動が展開されるのかを考えることで、園庭をみる目も変わってくるだろう。

　そしてそのマップを活用した子どもたちの姿を記録すると、ドキュメンテーションとして保護者と共有することができる。そのことによって園庭は子どもたちや保育者にとってだけではなく、保護者にも共有されることになる。「その植物ならあそこにもありましたよ」といった地域の情報や家庭との連携も始まる。また園庭マップをもとに園庭についてどの場で何が行われているのかをみてみることから、どのような活動を保障しているのかに気づくこともできる。こうした試みの一つひとつが室内外の環境をより豊かにすることにつながっていくだろう。

引用・参考文献

1）岡上直子編『ワクワク ドキドキが生まれる環境構成』ひかりのくに　2017年
2）Harms,T.. Clifford,R.M. & Cryer,D.　埋橋玲子（訳）『保育環境評価スケール1　幼児版』法律文化社　2004年
3）発達保育実践政策学センター園庭調査研究グループ『子どもの経験をより豊かに：園庭の質向上のための一工夫へのいざない』2018年
4）Rinaldi,C. 2005 *In dialogue with Reggio Emilia：Listening, researching and learning.* Routledge.
5）Reggio Children 2004 *Children, art, artists： the Expressive languages of children the artistic language of Alberto Burri.* Reggio Children.

第2章　領域「環境」のとらえ方と考え方

◆キーポイント◆

　子どもにとっての環境とは、生活している中で身体的に触れるすべてをいう。そこには、好奇心をかきたてたり、興味関心をもてるものであったりすることとともに、「たやすく扱える」ことが大切である。高価なもの、危険の伴うもの、大人がリードしなければ扱えないもの、不衛生なものを子どもの遊びの環境として置くことはふさわしくない。子どもが身近なものをさりげなく手にしたとき、思いをめぐらせイメージを膨らませて「あれやろう」と思い、仲間とつながる素材や道具・飼育物が重要なカギとなる。こうした素材や道具、飼育物であれば、そこに遊びの継続性が生まれ、子ども一人ひとりの心の中に「物語」が産出される。こうした条件が整ったときに夢中や没頭が生まれるのである。
　本章では、子どもにとっての魅力のある「環境」について、幼稚園指導要領、保育所保育指針、幼保連携型認定こども園教育・保育要領にそって考えていく。

第1節●子どもにとって魅力ある園環境とは

　「環境」は、乳幼児期の子どもにとって、発達を支える重要な柱となっている。幼稚園教育要領の第1章総則の「幼稚園教育の基本」の中に、幼児期の教育は環境を通して行うものであることが明記され、保育所保育指針や幼保連携型認定こども園教育・保育要領においても、環境を通して保育・教育を行うものであると規定されている。領域「環境」においても、望ましい経験の内容が具体的に示され、幼児教育においては「環境」を通して生活することが重要であることが理解できる。
　子どもにとって環境とは、どのような関係性をもつ場なのであろうか。
　環境は、物的環境と人的環境から構成されている。物的環境として、敷地や建物、構築物（園庭の遊具や樹木等）や、園具、教具、用具、素材などがあげられる。これらすべてが、時間や空間を通して、日々刻々と変化し、子どもとの関係をつくり出していく。人的環境は、子どもを取り巻くすべての人との「かかわり」であり、室内などの壁面装飾や素材や道具なども含まれる。屋外においても、園具・素材や道具などの配置や特にプランターなどの

配置なども人的環境として含まれる。これらは保育者の意図による総合的なデザインによって構成されるのである。すなわち、子どもにとっての環境とは、子どもが暮らしている日々のなじみある地域環境や家庭環境、園での環境である。目の前に広がる人や場・もののすべてに、ワクワクと心わき立つ感覚が起こり、自ら一歩足を踏み出せるような、自然を含む豊かな恵まれた環境でなければならない。

　子どもたちの活動には、一人ひとりの性格や今までの生育歴によって個々に違いがみられる。その子の興味や関心、あるいは好奇心や探求心等によっても異なる。描き出されるイメージに沿って遊びを広げていくためには、環境そのものが多様な遊びを生み出す要素を含み、たやすく扱え、イメージした遊びがすぐに実現できるような園具、教具、素材が準備されていなければならない。目の前に広がる環境が、自分の求めるイメージに合っていて、自分の遊びをさらに広げ、深めていける魅力のあるものでなければ、豊かな環境とはいえない。

　視点を変えて述べるならば、多様な遊びがたやすくできる豊富な園具・遊具・素材といった環境を与えていくだけではなく、少し不自由さを感じつつも、自らイメージし、思考や工夫を繰り返し、遊びを継続的につくり出していける力を培える環境が、今の時代を生きる子どもたちにとって必要な環境である。自分がしたいと思うことを試行錯誤しながらつくり出す遊びは、その子にとって最も魅力的で、豊かな遊びといえる。

　魅力ある環境は、筆者なりの考えでいえば、自然そのものである。人間はこの地球上の自然の中で誕生し、約6,500万年前から自然とともに暮らしてきたのである。だからこそ乳幼児期は、特に、自然環境あるいは自然に近い環境の工夫が求められる。近年、子どもたちを取り巻く環境、とりわけ自然環境は、急速に変化し、子どもたちは自然や土とふれあう機会が減少してきている。そのために五感が育つ環境が減少し、子どもの健全な発達を支えることがむずかしくなってきている。そこで乳幼児期の教育における領域「環境」の基本的な考え方について、実践的立場から具体的に解説する。

第1部　基礎編―保育における領域「環境」の理解―

第2節 ● 保育の基本をふまえた領域「環境」とは

1 ── 環境のあり方と保育の基本

　日本の幼児教育は、明治初期のころから西欧諸国の教育思想の影響を受けながら日本独自の幼児教育を生み出し、今日に至っている。そのなかで、とりわけ1947（昭和22）年に、幼稚園は学校教育法が適用される学校制度の一つとして位置づけられ、保育所との二分化が始まった。

　そして、幼稚園と保育所という二分化された制度から、一人ひとりの子どもの発達に即した援助の一貫性や生活の連続性を重視した幼保一体型の「認定こども園」という新たな制度が導入された。さらに、2008（平成20）年に改定された保育所保育指針、幼稚園教育要領やその他の改革により、保育制度全体の見直しが図られた。その後10年を経て、2017（平成29）年には、今までの「認定こども園」をさらに充実させた「幼保連携型認定こども園」が創設され、幼稚園と保育所の機能を合わせもった施設として期待されている。

　ここでは幼稚園、保育所、幼保連携型認定こども園のそれぞれの「環境」のあり方とその意義について、「保育の基本」を中心に解説する。「保育の基本」とは、乳幼児が保育を受ける際、その傍らで、指導や援助などをする保育者すべてが理解しなければならないことがらである。

　子どもたちにとっての環境は、一人ひとりのもつ資質をしっかりと能力に結びつけていくことのできる環境を基本としており、一人ひとりが自己を十分に発揮でき、自己充実感を味わうことのできる場でなくてはならない。

　幼稚園教育においては、教育の目的として、学校教育法第22条に「幼稚園は、義務教育及びその後の教育の基礎を培うものとして、幼児を保育し、幼児の健やかな成長のために適当な環境を与えて、その心身の発達を助長することを目的とする」とある。この「適当な環境」という文言は、本来であるならば「適切」という言葉で表現されるところである。しかし、子どもの発達とその特性を考えるとき、その環境は、当然「適切」ではなく、常に流動的に対応していくことのできる「適当さ」が妥当な解釈であるといえよう。

　たとえば、保育者の意図するねらいに向けて活動が展開されていくなかで、保育者の意図と異なる活動に接したとき、子どもが取り組む方向が意図と異なる場合がよくみられる。このような活動に対して、保育者は自己の意図を適切に推し進めていくのではなく、子どもの活動に沿わせて、弾力的にその

活動を支え、意図を常に修正しながら、子どもの活動を支えていくのである。このような「適当さ」が子どもの遊びや、資質を能力に導く大切なかかわり方となる。

2 ── 幼稚園教育要領、保育所保育指針、幼保連携型認定こども園教育・保育要領の基本的視点

　1965（昭和40）年に保育所保育のガイドラインとして制定された保育所保育指針は、1990（平成2）年、1999（平成11）年、2008（平成20）年、2017（平成29）年と4度目の改定が行われた。2008（平成20）年の改定では、これまでの局長通知から厚生労働大臣による告示となり、社会的責任と義務が課せられた。保育所の役割について、第1章総則で「保育に欠ける子どもの保育を行い、その健全な心身の発達を図ることを目的とする児童福祉施設」であることを明確にし、環境を通して養護及び教育を一体的に行うこととなった。

　このとき保育所は、養護を中心とした保育から、教育的要素をふまえた一体的な保育の展開へと転換をはかることとなったのである。当然これまでも、教育的要素が含まれた保育はなされてきたが、改めて子どもの発達を踏まえ、指導計画等のなかで、養護と教育の両面から子どもの成長を支援・指導することが明確に示された。また、1997（平成9）年の児童福祉法改正により、これまでの措置制度から契約制度が導入されたことや、2015（平成27）年の子ども・子育て支援新制度※1により、広く保護者のニーズに応えられるようになった。さらに、2017（平成29）年の改定で、保育所保育指針は乳児保育・1歳以上3歳未満児の保育についての記載が加わるなど全面的に内容が見直され、今までの7章から5章へと再編されている。

　一方、2017（平成29）年の幼稚園教育要領の改訂では、領域ごとに今まで以上に教育的配慮を必要とする指導を求めていることがわかる。特に「幼児期の学びの連続性」については、2007（平成19）年に学校教育法第22条の改正により、幼稚園教育の目的に「義務教育及びその後の教育の基礎を培う」という文言が加わったため、幼稚園は学校教育の初段階にあることを明確に位置づけ、幼児の学びの連続性を明確にしている。

　幼稚園教育要領、保育所保育指針、幼保連携型認定こども園教育・保育要領は、満3歳児以上について、「ねらい」と「内容」を構成している。幼稚園教育要領は、教育を重視しつつも、教育課程の時間外保育について養護的保育の規定が盛り込まれた。保育所保育指針では、さらに教育的配慮を踏ま

※1　子ども・子育て支援新制度
2012（平成24）年に成立した「子ども・子育て支援法」と関連する法律に基づき、幼児期の学校教育や保育、地域の子育て支援の量の拡充や質の向上を進めていくことを目的として、2015（平成27）年4月から始まった制度。

えた保育を行うことが規定された。また、乳児及び1歳以上3歳未満児についての「ねらい」と「内容」についても新たに規定されている。

次に、幼稚園教育要領「第1章　総則」に示す文章から、幼稚園教育の基本についての視点を解説していく。

3 ── 幼稚園教育要領における「環境」

(1) 環境を通しての教育

幼稚園教育要領でいう環境は、園環境にとどまらず子どもが生活するすべての場所を指し、その子どもの営みのなかで直接的に応答しあう環境を指す。

おとなの一方的価値づけで、技術や技能、生活習慣や言葉などを直接的体験から切り離した形で押しつける保育であってはならない。生活のなかで子どもが自ら興味や関心を抱き、直接体験することができるよう、保育者が子どもとともに環境をデザインし、その子どもの自己実現に向けて教育的価値をつくり出していく、互いの営みが大切であることを示している。

(2) 子どもの主体性と保育者の意図

子どもが主体的に活動を進めていくためには、おとなに対する信頼関係を築くことが最も大切な課題としてあげられる。どんなに豊かな環境が目の前に広がっていても、安定した心が育ち信頼関係が樹立しないと、魅力ある環境としてとらえることができない。

子どもが自ら環境にかかわろうとするためには、周囲のおとなに依存し、その人を信頼する関係が確立していることが前提である。信頼関係が築かれていることによって、保育者の意図が子どもの遊びに大きく関与し影響するのである。

そして子どもの主体的活動は、その子が描くイメージによって動きだし、多面的方向からさらなるイメージを描き、遊びを広げていく。こうした活動に対して、自己の描くイメージに沿った園具、遊具、素材などが常に目の前にあり、たやすく扱うことができる環境が望ましい。保育者には、その子どもの自己実現に向けて、子どもの遊びに教育的意図を沿わせていくことが求められる。

(3) 遊びを通して行う

子どもは、心身全体を使って活動しており、心と体は一体のものである。

その一体的な動きは、すべて互いに関連しあい、必要な経験を通して、諸側面が相乗的に成長を遂げていくものである。たとえば、言葉を豊かに育てていくといった保育者の意図に対して、子どもを遊びから切り離し、保育者が一方的に言葉の指導を行ってはならない。言葉は感情とつながりをもち、感情は体を支える意欲や態度に関連しているからである。

つまり、子どもの生活の循環性から逸脱した環境において、保育者の主導のもとで一方的に言葉を指導したならば、それは保育の基本から逸脱した保育であり、保育とはいわないのである。

子どもにとって、遊びは魅力的で、楽しいものであり、知的発達を遂げていくさまざまな刺激がたくさん秘められた宝箱である。

たとえば、人間関係の諸側面から考えてみると、一人遊びから始まり、平行遊び、共同遊びへと、遊びを通して人との交わりが広がっていく。その際、遊びをつなぐモノには大切な接着剤の役目があり、仲間ができ、互いの思いやイメージが共有できたりする。また、相手の思いが汲めず葛藤したときは、いざこざやケンカに発展することもある。こうした人との関係を築き上げていく経験も、子どもを社会化し、人格形成を加速させるのである。

第3節 ● 乳児と領域「環境」—乳児・3歳未満児の保育環境—

1 ── 乳児保育における環境

2018（平成30）年から施行される保育所保育指針では、保育所保育の基本原則として、次の4点をあげている。保育所の役割、保育の目標、保育方法、保育環境である。

このうち、保育環境については、次のように示している。

> 「保育の環境には、保育士等や子どもなどの人的環境、施設や遊具などの物的環境、更には自然や社会の事象などがある。保育所は、こうした人、物、場などの環境が相互に関連し合い、子どもの生活が豊かなものとなるよう、次の事項に留意しつつ、計画的に環境を構成し、工夫して保育しなければならない」。　　　（第1章総則1(4)より）

そして、さらに4つの具体的な取り組みを示している。
　ア　自発的に活動し、さまざまな経験を積んでいくことができるよう配慮
　　すること

第1部　基礎編―保育における領域「環境」の理解―

　　イ　設備や環境を整え、保健的環境や安全の確保などに努めること
　　ウ　くつろぎの場を構成し、生き生きと活動できるよう配慮すること
　　エ　周囲の子どもや大人とかかわっていくことができる環境を整えること
　乳児は、一人座り、はう、つかまり立ちなど発達の変化が著しく、それに合わせた環境の構成を日々変えていく必要がある。たとえば、はうようになれば、手当たり次第、玩具やおもちゃ類を手に取り、口に入れたりするため、誤飲や衛生には十分に配慮する必要がある。また、つかまり立ちするようになれば、高さのところにあるものに手をかけたり、バランスを崩し転倒したりする。だからといって、行動を制限したりするのではなく、快適に、資質がしっかりと伸びる環境を常に再構成し、安全で衛生的な環境を整えることが大切である。
　保育所保育指針では、乳児における保育環境について、「生命の保持」と「情緒の安定」という点から、安全や衛生が重要視されている。そのうえでこの時期の発達の特徴を踏まえて、3つの視点から「ねらい」及び「内容」を総合的にとらえ、保育することを求めている。
　①　身体的発達に関する視点「健やかに伸び伸びと育つ」
　②　社会的発達に関する視点「身近な人と気持ちが通じ合う」
　③　精神的発達に関する視点「身近なものと関わり感性が育つ」
　乳児保育については、安定や安心感を与え、安定した情緒の中で、人と信頼関係を十分に築き、ゆったりとした快適な環境づくりが求められる。
　では、実際の保育室内では、どのような環境が求められているのか。一つめは、乳児が心地よさを感じる快適な環境の構成である。適度な明るさや色合い、温度や湿度、外気の取り込みなどに十分に配慮し、保育者と穏やかにかかわる関係が、乳児の心を安定させ、自らの行動を促すこととなる。そして、伸び伸びと体を動かし、安全で衛生的な空間の中で、乳児が自ら動きまわれる環境が求められる。
　二つめは保育者との関係である。信頼関係のもとで、安心して応答的なかかわりができる相互の関係が、この時期に最も大切であり、安心した保育者との関係の中で、言葉への感覚が豊かになっていく。つまり喃語（言葉を生み出す言葉らしき言葉）から言葉を獲得する時期にあり、他者との関係が大切になる時期でもある。ひとえに信頼といっても、毎日の生活の中で、保育者は常に慌ただしく、子どもの喃語や一語文[※2]に耳を傾ける余裕さえないときもある。しかし、この時期の子どもは、保育者の言葉における「音」の響きを敏感に察知するため、強い口調や叱る言葉などは極力避け、声を少し高めに、やさしく投げかけることが必要となる。また、子どものおむつ替えや、

※2　一語文
8か月から1歳をすぎる頃に発話する言葉で、犬を見て「ワンワン」と言ったり、「ニャーニャー」「マンマ」など、一語で意味を表す言葉をいう。

抱き上げるときなど、そっとやさしく包み込むようにスキンシップすることが大切である。この時期の子どもは、何かされるたびに、快や不快を敏感に感じとるので注意したい。

　そして、三つめは、感性の育ちを支える環境である。明るく、衛生的な屋内環境の中で、玩具などを見たり、ふれたり、音や形、色など五感を刺激する遊びが十分に楽しめる環境の構成が求められる。そして、これらの課題を実現させるために、それぞれ3つのねらい（この時期に経験するべき望ましい方向性）が示されている。

ア　健やかに伸び伸びと育つ
　　健康な心と体を育て、自ら健康で安全な生活をつくり出す力の基礎を培う。
（ア）ねらい
①　身体感覚が育ち、快適な環境に心地よさを感じる。
②　伸び伸びと体を動かし、はう、歩くなどの運動をしようとする。
③　食事、睡眠等の生活のリズムの感覚が芽生える。
（イ）内容　（省略）

イ　身近な人と気持ちが通じ合う
　　受容的・応答的な関わりの下で、何かを伝えようとする意欲や身近な大人との信頼関係を育て、人と関わる力の基礎を培う。
（ア）ねらい
①　安心できる関係の下で、身近な人と共に過ごす喜びを感じる。
②　体の動きや表情、発声等により、保育士等と気持ちを通わせようとする。
③　身近な人と親しみ、関わりを深め、愛情や信頼感が芽生える。
（イ）内容　（省略）

ウ　身近なものと関わり感性が育つ
　　身近な環境に興味や好奇心をもって関わり、感じたことや考えたことを表現する力の基礎を培う。
（ア）ねらい
①　身の回りのものに親しみ、様々なものに興味や関心をもつ。
②　見る、触れる、探索するなど、身近な環境に自分から関わろうとする。
③　身体の諸感覚による認識が豊かになり、表情や手足、体の動き等で表現する。
（イ）内容　（省略）

---

2 ── 1歳以上3歳未満児における環境

　この時期は、歩く、走る、跳ぶなど身体的諸機能が発達してくる。乳児期での環境をさらに広げ、子ども自ら食事をしようとしたり、衣類の着脱など

をしようとする姿に、保育者の温かな援助が求められる。

　言葉も次第に明瞭化し、語彙も増加してくるので、応答的なかかわりが重視される。特に、1歳2か月頃に見られる一語文の中に、自己の感情を表現しようとするとても大切な時期を迎える。この時期は有意味語期ともいわれ、周囲の人に自分の意思や欲求を言葉で伝えようとする行為の始まりである。保育者には、一語文の中に潜むその子どもの思いを読み取り、気持ちに沿うことが強く求められるのである。そして、子どもの気持ちを素早く察知し、応えていくことが、信頼関係をより深くつなぎ止めていくことになる。こうした人的環境にも配慮することが大切である。

　したがって、子どもの生活を十分に安定させるために、自分でしようとする気持ちに寄り添い、尊重し、温かく見守るとともに、愛情豊かに、応答的にかかわることが大切である。保育者は、子どもが周囲のさまざまな環境に好奇心や探究心をもってかかわり、生活に取り入れていこうとする力が養えるよう心がけることが求められている。

　そのためには、身近な玩具やものとふれあう中で、その子どもの思いが十分に発揮でき、五感を十分に刺激することのできる環境が求められる。子どもが発見したり、考えたり、触ったり、嗅いだり、味わったりする経験が大切となる。また、室内の明るさ（照度）や湿度、風通しなどにも気を配る必要がある。この時期から、自己意識も高まり、運動量も大きく増加し、活動範囲も広がる。特に、周囲にあるものや生き物などとの接触は、衛生管理に十分配慮し、配置する必要がある。アニミズムの世界観をもつ時期にさしかかってくる発達段階であり、思いやる心の育ちにつなげていってほしい。

　絵本などの取扱いも、保育者とのかかわりを深め合う大切な出会いである。読み聞かせのときや、絵本を「読んで」と保育者を求めてきたときなどは、絵本の楽しさを伝えるとともに、保育者を求める意味も理解し、かかわっていくことが大切である。特に保育者の語りは、子どもの絵本好きを育てていくきっかけとなる。読み方は、少し高めの声で、ゆっくりと、語りかけるように、擬態語や擬声を用いて楽しさやおもしろさを伝えるようにしたい。

　さらに、この時期、環境として特に重視したいことは、玩具の安全性のチェックを必ず行うことである。この時期の子どもは、大人が予想する以上の行動を伴うことから、小さい玩具や素材・道具などを口に含んだり、飲み込んだり、くわえたり、突き刺さったりするなどの危険があることを理解し、事故防止への安全に十分配慮することが求められる。

> 環境
>   周囲の様々な環境に好奇心や探究心をもって関わり、それらを生活に取り入れていこうとする力を養う。
> （ア）ねらい
> ①　身近な環境に親しみ、触れ合う中で、様々なものに興味や関心をもつ。
> ②　様々なものに関わる中で、発見を楽しんだり、考えたりしようとする。
> ③　見る、聞く、触るなどの経験を通して、感覚の働きを豊かにする。
> （イ）内容
> ①　安全で活動しやすい環境での探索活動等を通して、見る、聞く、触れる、嗅ぐ、味わうなどの感覚の働きを豊かにする。
> ②　玩具、絵本、遊具などに興味をもち、それらを使った遊びを楽しむ。
> ③　身の回りの物に触れる中で、形、色、大きさ、量などの物の性質や仕組みに気付く。
> ④　自分の物と人の物の区別や、場所的感覚など、環境を捉える感覚が育つ。
> ⑤　身近な生き物に気付き、親しみをもつ。
> ⑥　近隣の生活や季節の行事などに興味や関心をもつ。

第4節 ● 幼児と領域「環境」―3歳以上児の保育環境―

　2017（平成29）年の保育所保育指針の改定では、5領域の心情・意欲・態度の側面から、1歳児から養護と教育を一体的に行うことで保育を進めていくことを求められている。前述したとおり、1歳以上3歳未満の保育における環境のあり方と、3歳以上の幼児の発達を支える環境構成は、環境を構成していく中で重視しているものが若干異なる。

　2017（平成29）年の保育所保育指針、幼稚園教育要領、幼保連携型認定こども園教育・保育要領の改訂（改定）により、保育所、幼稚園、幼保連携型認定こども園の幼児の保育内容が共通化された。その中で、取り扱われる「環境」の領域には、次のような特徴がみられる。

　3歳以上の幼児については、「周囲の様々な環境に好奇心や探究心をもって関わり、それらを生活に取り入れていこうとする力を養う」としており、身近な環境（自然）とふれあう中で、興味や関心がもてるようにすることや、発見したり、考えたりしながら生活できるようにしていくと共に、モノの性質や数量、文字への感覚を育てていくことを求めている。

　そのため、12の経験すべき内容とする方向性が示されている。

> **環境**
> 　周囲の様々な環境に好奇心や探究心をもって関わり、それらを生活に取り入れていこうとする力を養う。
> （ア）ねらい
> 　① 身近な環境に親しみ、自然と触れ合う中で様々な事象に興味や関心をもつ。
> 　② 身近な環境に自分から関わり、発見を楽しんだり、考えたりし、それを生活に取り入れようとする。
> 　③ 身近な事象を見たり、考えたり、扱ったりする中で、物の性質や数量、文字などに対する感覚を豊かにする。
> （イ）内容
> 　① 自然に触れて生活し、その大きさ、美しさ、不思議さなどに気付く。
> 　② 生活の中で、様々な物に触れ、その性質や仕組みに興味や関心をもつ。
> 　③ 季節により自然や人間の生活に変化のあることに気付く。
> 　④ 自然などの身近な事象に関心をもち、取り入れて遊ぶ。
> 　⑤ 身近な動植物に親しみをもって接し、生命の尊さに気付き、いたわったり、大切にしたりする。
> 　⑥ 日常生活の中で、我が国や地域社会における様々な文化や伝統に親しむ。
> 　⑦ 身近な物を大切にする。
> 　⑧ 身近な物や遊具に興味をもって関わり、自分なりに比べたり、関連付けたりしながら考えたり、試したりして工夫して遊ぶ。
> 　⑨ 日常生活の中で数量や図形などに関心をもつ。
> 　⑩ 日常生活の中で簡単な標識や文字などに関心をもつ。
> 　⑪ 生活に関係の深い情報や施設などに興味や関心をもつ。
> 　⑫ 保育所内外の行事において国旗に親しむ。

　2017（平成29）年の要領・指針等の改訂（改定）では、子どもの取り組みについて、発達の過程を踏まえつつ、園生活全体を見据えた「全体的な計画」を作成することになっている。また、適切な環境のもとで、発達に必要な経験を積み重ねていくことが重要視される。そのうえで、子どもが、主体的に遊びを通して周囲の世界に好奇心を抱き、物事の法則性に気づいたりできる過程を経験できるようにすることや、他の子どもの考えなどにふれて新しい考えを生み出せるようする。

　また、自然との直接的体験も重視している。そして、身近な事象や動植物とのふれあいを通して、親しみや畏敬の念、生命を大切にする気持ち、公共心、探究心などが養われるようにするとある。

　さらに、この改訂で、「文化や伝統に親しむ際には、正月や節句など我が国の伝統的な行事、国歌、唱歌、わらべうたや我が国の伝統的な遊びに親し

んだり、異なる文化に触れる活動に親しんだりすることを通じて、社会とのつながりの意識や国際理解の意識の芽生えなどが養われるようにすること」が加えられた。このことは、日本が今やグローバル化の方向にあり、諸外国の人々との交流の機会が急増し、日本古来の文化や伝統が諸外国の文化と融合したりしながら、新しい文化が生まれつつあることを示している。30年後の日本のあり方を見すえたとき、予測のつかない時代となるといわれているが、日本の文化や伝統に親しむことや、正月や節句などの伝統的な行事、国歌、唱歌、わらべうたや伝統的な遊びに親しみつつ、異なる文化にふれる活動を通して、国際理解をすることが大切になる。まして、2020年には、東京でオリンピックが開催され多くの国から外国人が日本に集い、子どもたちとの異文化交流の機会が深まることも期待されている。最後に、数量や文字などの扱いについては、子ども自身の必要感に沿って数量や文字などに関する興味や関心、感覚を養ってほしいとしている。

　満3歳以上児の環境は、0歳から始まる環境が取り扱う基本を踏まえつつ、もともと子どもに内在する資質を、生活環境の中で自ら能力として育ち持てるよう、発達段階を踏まえながら、その子の今求めている課題に対して、適切に援助していくことが保育者の役割とされている。

第5節 ● 新しい時代に向けた保育環境

　前述した通り、子どものもともともっている資質や能力を、環境という場を通して、子ども自ら能力として育ち持てるようになることが保育の課題とされる。そのためには、環境構成のあり方が問われる。このことは、1947（昭和22）年3月に、幼稚園を学校と位置づけたことに始まる。この著しく発達を遂げる時期の教育は特別な配慮を必要とすることから、3歳以上の幼児を対象に幼児期の発達の特性を踏まえ、幼稚園教諭免許が1949（昭和24）年5月に創設された。

　小学校以上の教育については、日々の教育の課題は教師側にあり、その指導を学び、修得することが主とされているが、幼児の教育においては、課題は子ども自身の内面にあり、子どもがこんな遊びをしたいと取り組む姿に対して、保育者が適切に指導や援助を行い、発達を助長させていくことが基本とされている。

　2018（平成30）年から実施される新しい幼稚園教育要領、保育所保育指針、

幼保連携型認定こども園教育・保育要領でも、保育の目標や目的は変わらない。今までの心情・意欲・態度の3つの側面から子どもをとらえ指導していくことにも変わりはない。

ただし、取り組みについて、それぞれの園では、新たに「資質・能力」「思考力・判断力・表現力」「学びに向かう力・人間性等」が育つ、「幼児期の終わりまでに育ってほしい10の姿」を、教育課程（幼稚園）または全体的な計画（保育所・幼保連携型認定こども園）の中に明記することが義務づけられた。このことによって、実践での取り組み方が非常に重要となることから、子どもが自ら主体的に取り組める環境の中で、自己を発揮し、互いに思考をめぐらせ共に考え、自己の課題を解決していく、アクティブラーニングが重要であるとしている。

●「第2章」学びの確認
①子どもが主体的自発をもって取り組む遊びとはどんな遊びだろうか。
②学齢に応じた発達の特性について、それぞれの特徴を考えてみよう。
●発展的な学びへ
①子どもが好奇心をもって夢中で遊ぶための環境を考えてみよう。
②遊びが継続していくための環境のあり方を考えてみよう。

参考文献

1）新保育士養成講座編纂委員会編『教育原理』全国社会福祉協議会　2002年
2）小田豊・湯川秀樹編著『保育内容　環境』北大路書房　2003年
3）玉井美知子監修『子どもから学ぶ保育活動「環境」』学事出版　2001年
4）小田豊『幼稚園教育の基本』小学館　1998年
5）神長美津子『保育の基本と環境の構成』ひかりのくに　1998年

第3章　保育環境の構成
―子どもたちもその担い手に―

◆キーポイント◆

　保育者は、豊かな構想のもと、子どもたちの身近な環境を構成する役割を担う。遊ぶきっかけを得られない子どもの姿が予想されるならば、具体的に遊びの内容を想起させるような環境を用意し、子どもの好奇心を育てたい。たとえば、色とりどりの折り紙と作品を置いておくことで、折り紙をして遊ぶ提案となる。集めた廃材を活用する際は、その並べ方や見せ方にも配慮する。素材との出会いが活動のきっかけとなる。廃材を扱う過程で、硬くて切りにくい、切りやすいなど、子どもはその性質に気づく。子どもの探究心を育めるよう時間を確保する。積極的に遊ぶ子どもは、その遊びに関連する物的・空間的環境についても強い関心をもつ。そのこだわりによって、環境をめぐっていざこざが生まれることもあるが、子ども同士の理解が深まる機会とできるよう援助する。子どもたちも環境を構成する担い手として位置づけ、その関心を育てたい。

第1節 ● 環境について考える―あるエピソードから―

　こんな実話がある。近所に、高校生の娘さんがいて、そのお母さんに娘さんの近況をたずねたことがあった（仮に、娘さんをゆかりさんと呼びたい）。大学受験の勉強に勤しむゆかりさんは、当市の図書館には十分な閲覧席がないので、隣の市の図書館に自転車を走らせて通い、そこで勉強しているとのことだった。つまり、隣の市の図書館では、ゆかりさんが勉強に集中するための適切な環境が整っていたということになる。

　お母さんによれば、ゆかりさんは理系志向で、「地球環境のデザイン」に関心をもって志望大学を選んでいるとのことだった。その後、ゆかりさんは第一希望の大学に合格し、晴れて大学生になったと聞いた。そしてまた、初めての大学の長い夏休みには、サークル活動の一環として、地球環境の保護を訴えるイベントに参加して毎日を忙しく過ごしているとのことだった。

　ゆかりさんのような進路を選ぶかどうかは別としても、ゆかりさんのその意欲的な姿は、主体と環境（外界）とのかかわりについて示唆を与えてくれる。まず、ゆかりさんが受験勉強のために隣の市の図書館に通ったというエ

ピソードに注目したい。勉強をしていても、内容が頭に入っていかないことがあるが、彼女はその作業能率を上げるために、快適な環境を求めた。彼女は、自身の力を発揮するための環境を求め、適切な環境を得たといえる。

次に、ゆかりさんが「地球環境のデザイン」について学ぶこととなった点に注目したい。今日、地球上の自然破壊が問題とされ、温暖化などによって、我々の暮らす生活環境はますます悪化しつつある。状況を打開する試みの一つとして、学校教育において、環境教育[※1]の機会が設けられており、こうした機会が、彼女の将来への展望をはぐくんだと考えられる。そして今後、彼女は大学において、地球環境を持続させるための知識や技術について学び、将来はそれらを創造する一人となるだろう。

※1　環境教育
41ページのコラム参照。

ゆかりさんは、学ぶための環境整備に積極的であった。ゆかりさんは意欲的な青年期を過ごしているが、幼児期の子どもたちにおいても、同様のことがいえるように思われる。つまり、諸活動に意欲的に取り組む子どもは、そのための物的環境や空間的環境のありようについても関心が高い。また、ゆかりさんは、人類が住むこの地球環境について関心をもち、その持続のために学ぼうとしている。大きくとらえると、ゆかりさんは"主体を生かすための環境"について、関心が高いということになる。

ゆかりさんのように"自身を生かすための環境"に関心を寄せる主体を育てたい。そのために幼児期には、意欲的に遊び、その活動に集中する経験をさせたい。こうした課題意識から、本章では、子どもたちの活動を引き出し、持続させる環境構成について考える。また、子どもたちの身近な環境を屋内と屋外とに求め、屋外の自然環境に関心を深める配慮についても述べる。

子どもたちは、特定の保育者とのかかわりにおいて安定感を得て、行動範囲を広げていく。好奇心に満ち意欲的に遊ぶ子どもたちの姿を願いとして、保育環境の構成にかかわって述べてみたい。

第2節 ● 遊びのきっかけとなる環境の構成

1 ── 3法令にみる領域「環境」のねらい─キーワードとしての「好奇心」─

2017（平成29）年3月31日、いわゆる3法令（保育所保育指針、幼稚園教育要領、幼保連携型認定こども園教育・保育要領）が改訂（改定）され、そろって告示された。第2章でも述べたように、3法令いずれにおいても、環

境を通して保育を行うという考え方は共通である。また、3歳以上児の保育の「ねらいと内容」を5領域（健康・人間関係・環境・言葉・表現）に区分して提示するのも共通で、その「ねらい」と「内容」もほぼ共通である。

　このたびの改訂（改定）の特色の一つとして、3歳未満児の保育の事項が充実した点があげられる。1歳以上3歳未満児（1歳児・2歳児）の保育の「ねらい」と「内容」は、3歳以上児と同様に5領域に区分して提示された。乳児（0歳児）の保育は、3つの視点（「健やかに伸び伸びと育つ」「身近な人と気持ちが通じ合う」「身近なものと関わり感性が育つ」）に区分して「ねらい」と「内容」が提示された。3歳未満児の「ねらい」と「内容」も、幼稚園教育要領をのぞく2法令でほぼ共通している。

　ここで確認したいのは、1歳以上3歳未満児と3歳以上児における領域「環境」の「ねらい」である。そこでは共通に以下のような文章が掲げてある。

> 周囲の様々な環境に<u>好奇心</u>や<u>探究心</u>をもって関わり、それらを生活に取り入れていこうとする力を養う。
> 　　　　　　　　　　　　　　　　　　　　　　　　　（下線は引用者による）

　上記の「ねらい」で、重要な用語として着目したいのは「好奇心」と「探究心」である。次に見たいのは、乳児の保育の視点「身近なものと関わり感性が育つ」の「ねらい」である。

> 身近な環境に興味や<u>好奇心</u>をもって関わり、感じたことや考えたことを表現する力の基盤を培う。
> 　　　　　　　　　　　　　　　　　　　　　　　　　（下線は引用者による）

　以上、2つのねらいに共通にみられる言葉が「好奇心」であった。乳児では「興味」、1歳以上児では「探究心」も重要な言葉である。では、好奇心旺盛な、意欲的な子どもを育てるには、どのような配慮が必要だろうか。保育の場面を想像しながら、好奇心を育てる環境構成について考えてみたい。

2 ── 遊びのきっかけとなる環境の構成

　朝、登園してきた子どもたちが、バッグを決められたところにかけたり、帽子をかけたりする一連の活動をしてから、自由に遊びだす姿を浮かべてみよう。子どもたちには、好きな遊びや作業にじっくりと集中する経験をさせたい。しかし、入園したばかりの子どもたちの場合は、保育室や園の物的環境について理解しておらず、よりどころとなる友だちもほとんどいないため、とても緊張していることが多い。あるいはまた、クラス替えをした新年度の

はじめ、新しい保育室に慣れない子どもたちが、勝手のわかっている保育室に行ってのぞこうとする姿を見ることもある。このように、どんな遊びをしたらいいか見つからない子どもたちの姿が予想されるときには、遊びの内容を提案するような環境を設定してみる。

たとえば、テーブルと椅子（いす）を置いておき、テーブルの上には折り紙とともに、できあがった作品、折り紙の本をともに置いておく。この光景は、子どもに折り紙を折る活動を想起させる環境となっている。視覚に訴えることで、子どもの緊張を解き、その好奇心を引き出すことをねらいとする。そして、折り紙をやってみたいと思った子どもは、「折り紙やっていい？」と保育者に聞いてから椅子に腰かけるだろう。その後、折り紙をして遊ぶ子どもの姿に接して、別の子どもが「自分もやってみたい」と思い、それに加わる。こうして子どもが増えていき、用意しておいた椅子やテーブルが足りなくなったら、新たにテーブルを出すなどして、一人ひとりが作業に集中できるような環境を構成する。

違う例をあげたい。保育室に、ままごとコーナーが設けられているとする。そのテーブルに、おちゃわんに食べ物のおもちゃを入れて置いておき、椅子にはぬいぐるみを座らせておく。このような環境は、ぬいぐるみにごちそうを出したところと映るだろう。遊ぶことに動機づけられた子どもたちは、その場に入って遊びはじめる。ままごとコーナーを、すっかり片づけた状態にしておくのでなく、遊んでいる姿を連想させるように少しだけ道具を出しておくなどすると、子どもたちに具体的に遊びの内容を提案する環境となる。それも、視覚的に子どもの好奇心を引き出す環境ととらえたい。

こうして、ままごとコーナーに喜々として入り込み、遊びはじめた子どもたちがいたとする。その遊んでいる子どもたちの姿は、あとから来た子どもたちにとって、遊ぶことを動機づけられる人的環境となる。そのときにおもしろそうだと感じれば、「入れて」と言って仲間に入ることを求めるだろう。その場では仲間入りを見送っても、別の機会をとらえて遊ぶかもしれない。

さらにいえば、人的環境として最も意味をもつのが、保育者である。物的環境を整え、傍らで見守ることもあるが、自ら入り込んで遊ぶ姿をさらすことで、子どもたちには大きな動機づけとなる。

3 ── 子どもたちの興味関心を踏まえた環境の構成

先に、園の生活に慣れていない場合を考え、少しだけ活動が垣間（かいま）見えるような、やりかけの環境構成をすることを提案した。ただ、いつもそのような

構成をすることが望ましいわけではない。たとえば、ままごとコーナーでの活動が子どもたちに浸透した折は、きれいに整頓された状態にしておくほうが、その場にはじめに入る子どもの自由なイメージを喚起できるように思われる。また、遊び終えたらきれいに片づけるという習慣も育てたいので、まず整理整頓された状況を見本として子どもたちに示したい。このように、子どもたちの状況に応じた環境構成に努めたい。

　また、空き箱などの廃材を使った遊びについて考えよう。保護者の協力を得るなどして、たくさんの廃材が集まったとする。それを保育室に無造作に置くのではなく、分類して並べたい（子どもと分類してもいいだろう）。廃材の並べ方としては、空き箱・プラスチック・牛乳パック・ペットボトルのふたなど、仲間分けして整理したい。そうすることで、整然とした環境となり、子どもは素材を手に取りやすい。素材との出会いにより、子どもが何かのきっかけを得ることが期待される。セロハン・包装紙・ひもなど、色のきれいな素材も並べておくと、子どもたちが手に取ってみたくなる。「せんせい、これ使ってもいい？」と眼を輝かせ、そこから発想が生まれることもある。素材ごとに分類することは、仲間分け・集合の概念を育てる環境ともなる。

　廃材を保育室に並べると、子どもたちはしばらくその活動に興じるが、ある時期、廃材を用いた活動がみられなくなる。このとき、あらためて環境構成を考え直してもよいが、十分遊んだと判断したら、思いきって片づけてしまい、視界から廃材をなくしてしまうのもよい。子どもたちの活動には、食材のように旬がある。子どもたちが魅力を感じなくなった遊びについては、その関連する素材の扱いが粗くなる。魅力を感じなくなった素材をいつまでもさらしておくのでなく、環境を仕切りなおすことが大切だ。視野からなくなってみて、あらためて廃材を使いたいと求めてくる子どももいる。ほしいものがクラスになければ、他クラスに出向いて廃材をもらいに行くよう促すなどし、行動範囲を広げるきっかけとする。

　廃材といえば、牛乳パックは容易に集まるが、牛乳パックの底は厚く、はさみを用いて切るのには手間がかかる。子どもたちの技術に応じて援助し、素材との出会いを支えたい。廃材を扱ううち、硬くて切りにくい、切りやすいなど、子どもたちは素材の性質について学んでいく。子どもがじっくり活動に取り組んで素材の理解を深められるよう時間を確保し、その探究心を育てたい。

第1部　基礎編―保育における領域「環境」の理解―

第3節 ● 遊びが安定・持続・展開する環境構成

1 ── 遊びが安定・持続・展開する環境の構成

　これまで、遊びのきっかけとなる環境構成を中心に考えてきた。次に、遊びを持続させる環境について考えたい。子どもたちの遊びが持続する過程は、集中力を養い、人間関係を構築する知的な学びの機会ともなっている。ここで、ある保育所の5歳児クラスでの事例を紹介する。

> **事例1　マットを敷くことで安定する遊び（5歳児）**
> 　このクラスでは、クラス替えをした4月から、窓際でブロック遊びをする子どもたちの姿がみられた。昼食のあとのひとときや、クラス皆で一斉に取り組んだ作業のあとなど、ほんのわずかな時間でも子どもたちはブロックを手にして遊んでいた。5月のある日、保育者が、床に敷くマットを使うことを提案した。マットは、正方形で表面は畳のようで、やや厚みがあるものだった。それを2～3枚、連ねて置き、子どもたちはその上に乗ってブロック遊びをした。
> 　その後、昼食後にほぼ毎回一番にブロック遊びをはじめるケンタ（5歳）が、その畳マットを2～3枚、自発的に敷くようになった。誰かがマットを敷かないで遊んでいると、「ちょっとどいて」と言ってもってきたマットを敷き、一緒に遊んだ。マットを敷かずにブロック遊びをしていた子どもたちが、ケンタが運んできたマットを敷いてからそこに座ったとき、場の雰囲気が違うことに気づいたのか、顔を見合わせて小さく「おー」と声をあげることがあった。

　観察していて、敷いたマットの上でブロック遊びをする子どもたちが、マットを敷かないときに比して、心地よさを感じ、遊びに集中するのがわかった。マットを敷いたことによって、その遊びの場が安定したと考えられる。そして、ケンタは、畳マットを敷くことによって心地よくブロック遊びを楽しめることに気づき、保育者に言われなくても、自分からマットを敷くようになったと考えられる。ちなみに、マットの効用としては、座り心地のみならず、場を仕切ったことでもたらされる安定感もあるようだった。
　もともとは、保育者による提案によって、マットを敷いてブロック遊びが行われることとなった。この環境の変化によって、子どもたちの環境が快適なものとなり、そのことに気づいた子どもが、環境構成を主体的に担うようになったといえる。

2 ── 試行錯誤や工夫が生まれる環境の構成

次の事例も、前述したクラスの子どもたちの活動の姿である。事例1で、畳のようなマットが、ブロック遊びの子どもたちの活動を効果的なものとしたことを述べた。同じマットが、別の場で遊ぶ子どもたちの活動で好まれるようになった。この場合は、マットは敷かれるものとしてではなく、立てて光を遮(さえぎ)る道具として用いられた。以下は、マットをめぐるある事例である。

事例2　遊びを豊かにするマットをめぐるいざこざ（5歳児）

この保育室には、かつて押し入れとしてつくられた場所があった。上段は保育者が管理する物入れとして使われ、通常はカーテンがかけられていた。下段は子どもたちの遊ぶ空間とされていて、なかには、ままごと道具やぬいぐるみなどが入ったカゴがあった。次第に複数の女児を中心にしてその場が使われるようになった。9月ごろから、畳のマット4枚を並べて立てかけて、その押し入れの下段をふさぐ遊びがみられるようになった。なかが真っ暗となるので、子どもたちはケラケラ笑ってその暗さを楽しんだ。

10月のある日、継続してブロック遊びをしているケンタ（5歳）が、マットを4枚すべていつもの位置に運んで連ねて敷き、その上に座ってブロック遊びをはじめた。いつも押入れの下段で遊ぶカナコ（5歳）は、ケンタがマットをすべて運んだことに対して納得がいかないらしく、ケンタとカナコとで言い争いになった。ケンタは、「いつもカナコちゃんたち、マットつかってるんだから、たまにはいいじゃない」と言い、カナコは「ぜんぶつかってずるい。はんぶんかして」と言った。カナコはからだを震わせるようにして反論したが、聞き入れてもらえず、押入れの下段に戻った。

ここでは、ケンタにとっても、カナコにとっても、マットは遊びを豊かにしてくれる装置であったからこそ、互いに譲れないところがあったものと考えられる。ちなみに、マットを立てかけて光を遮る遊びは、子どもたちの間から生まれたもので、担任保育者は特に提案していないとのことだった。

遊ぶことに集中する子どもには、遊びにかかわるモノの確保や場を整えることへの強い関心がみられる。遊ぶことに意欲がないとすれば、モノや場への執着もない。モノや場への執着が、子ども同士のいざこざの原因となることもあるが、子どもたちが乗り越えられるよう見守りたい。

しかし、友だちと折り合いをつけられなければ、保育者はその仲裁を担う。その際、ただ「仲良くしようね」「順番ね」と伝えるのではなく、何に使いたいのか、どんな遊びにどう使いたいのか、それぞれの言い分を互いに語らせるよう努める。互いの考えを知ることで、遊びの輪が広がるなど新たな発想

が浮かぶこともある。あるいは、そのモノがなくても、別の工夫をするよう助言することで、望んでいた効果が得られることもある。人とのかかわりやモノとのかかわりなど、子どもの試行錯誤や工夫を促し、見守りたい。遊びが持続するためには、物的環境のみならず、人的環境のありようも大きくかかわってくる。子ども同士が互いに刺激を受けたり、互いに理解を深めたりする機会としたい。

　事例2では、押入れの下段の空間のおもちゃについて、保育者は時折子どもたちと話し合ってその配置などを変えていた。環境の構成は、子どもたちの活動の予想と願いによって基本的には保育者が行うものであるが、子どもたちにも、その成長の過程で、環境構成への関心を育てていきたい。

●「第3章」学びの確認
①学内（校内）で、レポート課題などに集中しやすい場所や、友人と落ち着いて話せる場所はどこか話し合ってみよう。
②子どもは、どんなときにどんな環境で落ち着いて遊びに集中できるのか、考えてみよう。
●発展的な学びへ
①子どもの探究心を育てるため、保育者が担うべき役割について考えてみよう（環境構成、配慮すべきことなど）。
②空き箱などの廃材を集めるために、どんなことをすればよいか考えてみよう。また、集まった廃材を活かして、子どもがどんな遊びを展開しうるか考えてみよう。

コラム

環境教育

　小学校・中学校・高等学校の諸段階において、自然環境について学ぶ機会が設定されている。生活科、「総合的な学習の時間」、理科、社会科、家庭科など、教科を限定することなく、広く取り組まれ、その発達段階に応じた学習内容が設けられている。

　地球環境は悪化の一途をたどり、人類がそこに住まうことを拒否するかのごとく、状況は逼迫している。温暖化現象によって、水位が上昇し、長年住んだ故郷が水没する危険にさらされる地域もある。その人々の悲痛な声は、多くの人々の無関心によって消されてしまう。環境にかかわる問題は、私たちの倫理を問うものとなっている。

　そもそも、先進各国は、効率を優先にして経済成長を遂げてきたが、その半面、自然環境を汚染してきた。日本における公害は、その典型である。そして、開発途上国が同様な経済成長を目指す段階になって、さらなる自然環境の汚染が危惧されている。先進国においても、環境汚染に対する意識の低い超大国の動向が問題とされている。

　このように、自然環境をめぐる問題は、政治経済の問題と通じており、問題は錯綜している。とはいえ、環境教育の試みにおいては、地域の動植物の生育分布状況を明らかにしたり、使い捨ての消費経済にあって、自身の消費生活についてふりかえるなど、子どもたちの年齢に応じて、学習内容が工夫されている。子どもたち一人ひとりが自身の問題として引き受け、その日から行動をあらためるほどに効果のある学習が求められる。同時に、企業の取り組みについても取り上げ、問題のある企業に対してはその行為について問いただすような、大人たちに働きかける動きにも期待したい。

　就学前の子どもたちにおいても、自然環境への興味を育て、ものを大切にすることなど、その発達段階に応じて伝えていくものとしたい。

ここにも虫がいるかな

第4章 友だちや保育者とともに育つ
―人的環境―

◆キーポイント◆

　子どもは、先生の傍にいることや友だちと一緒にいることで安心し、興味や関心を広げ、試したり挑戦したりするようになる。子どもを取り巻くさまざまな人との出会いは、意欲や豊かな心情の育ちにつながる。子どもにとって自分の周りにあるさまざまな意味をもたらす人間関係を「人的環境」という。

　社会の変化により核家族化や保護者の就労など子どもが家庭で育つ機会が減少し、人間関係の希薄化が危ぶまれている。それに伴い保育が長時間化し、「保育者」「友だち」「園にかかわるさまざまな人」との関係が、子どもの人間関係に大きく影響するようになってきている。前章でも述べたように、保育の営みは、子どもを取り巻く「人、もの、こと」が相互に関連して保育環境をつくり出し、成長や発達を促していく。保育者には、受容・共感・傾聴などによって子どもとの信頼関係を築くことから始まり、子どもの成長や発達、あるいは状況に応じて、周囲の人間関係を子どもの成長に有効な環境にすることが求められる。

　本章では、相互に関連しあう状況の中から、保育者・友だち・さまざまな人とのかかわりに焦点を当てて、人的環境について述べていく。

第1節 ● 子どもにとっての保育者の意味

　保育者は、子どもの発達に添ってさまざまにかかわり方を変化させる。筆者は、保育者になりたてだったころ、先輩から「先生は、一人で何役も担うものだから、状況によって七変化するのよ」と言われたことが、今でも鮮明に心に残っている。

　時に受容者や共感者であり、遊びの提供者や仲間にもなる。困った時には助けてくれ、間違ったことをしたときには諭してもくれる。保育者は、子どもが「人、もの、こと」にかかわることを支え、自立心・探究心・意欲を育むために何役もの役割を果たすことで保育の内容を支える専門家である。

　保育の専門家として保育者の行為は、直接的に子どもに働きかけることになる。子どもにとって保育者は最大の人的環境といえる。

1 ── 愛着や信頼関係の積み重ねが主体性につながる

　0歳児のシオリは、人見知りの最中である。B先生がいれば泣かずに安心した表情で遊ぶ。B先生が抱けば泣きやんで寝る。入園当初から担当しているB先生は、シオリの不安や要求に向き合い受け止めながら、園での生活に徐々に慣れるように根気よくかかわる。この積み重ねがシオリとB先生のきずなとなり、安心のもととなり愛着関係が築かれていく。

　また、2歳児のハルキは、1歳児の終わりには自分から着替えをしようと積極的だった。しかし、4月になり担任が変わると、着替えをしなくなった。新しい担任にやってもらうことで満足気な表情を見せる。しばらくの間、新しい担任はこれに付き合い、ハルキの欲求がさまざまなところで満たされるようにかかわる。また、一方で自分から行おうとする様子を「ハルキ君、もうすぐ3歳だからボタンが自分でできるのね」と認める。受け止められながら、タイミングを逃さずに認めていくことで、ハルキと保育者との関係が結ばれていく。愛着関係や信頼関係を築くことが、着替えをする意欲となり、「もうすぐ3歳だから…できるのね」という言葉が、子どもの心と一致した承認となり、主体的な行動が引き出されていく。信頼関係や愛着関係は、3歳児・4歳児の園生活でも何度もさまざまな機会の中で結ばれていく。

　さらに、5歳児になると、保育者との安定した関係をもとに、周囲の期待に応える様子も見られるようになる。誕生日会の司会の役目を、自分たちのクラスが行う月になった。担任が「年長組にしかできない大切な役割だから、しっかりと大きな声でやりましょう」と年長組として期待していることを知らせる。子どもたちは、2人組になって「始めの言葉」から「終わりの言葉」の係決めが終わると、自分たちで司会の言葉を考えて練習を始める。友だち同士で見合って「声が小さいよ」「恥ずかしい気持ちは隠すといいよ」など、互いに感じたことを伝え合う様子も見られる。

　このように、子どもは、さまざまな人と信頼関係を結ぶことで人への信頼関係や愛着関係を築き、安心と安定の基盤ができる。この基盤のうえで、友だちと一緒に目的に向かうことが可能になる。保育者は、子どもの心のよりどころとなり、子どもは保育者を心の基地としてさまざまな経験を重ね、興味関心を広げ、自信をもち、主体性を獲得していく。保育者という心のよりどころとなる「環境」は、子どもが主体性をもって物事にかかわっていく基盤となっている。

第1部　基礎編―保育における領域「環境」の理解―

2 ── 心をひきつける保育者

　保育者には、遊びの知識、技術、知恵、言葉など、子どもたちの思いを満たすためのたくさんのポケットが必要である。子どもの成長や発達、一人ひとりの興味や関心のもち方によって、どのポケットから何を引き出して子どもとかかわるかを決めていく。基準や答えはない。一人ひとりの性格、発達、これまでの経験、生活の背景など、さまざまな状況をもとに、子どもとのかかわり方や教材を選択していく。「見守る」「遊び方や用具や教材の提示」「共に考える仲間になる」など、その状況に応じたかかわり方を選択する。子どもの要求と保育者のかかわり方が一致していたときは、好奇心や探究心が引き出され、遊びの世界にワクワク・ドキドキする楽しさが広がる。一方、保育者の思い込みや状況のとらえ違いから、保育者の思いと子どもの思いがすれ違うこともある。このことを踏まえながら、状況を常にとらえなおして保育の内容を修正していくことも大切である。

　以下の事例では、保育者の言動から興味関心を深めて、子どもたちが試行錯誤しながら探求する様子が見られる。

事例1　光る泥だんごをつくりたい（5歳児）

　F幼稚園では、毎年2学期後半になると年長児の泥だんごづくりが盛んになる。このきっかけをつくるのは、保育者であることが多い。園庭でじっくりと遊ぶことのできる気候と子ども同士の仲間関係が育ちを見ながら、保育者が園庭にさまざまな種類の土を重ねて、子どもたちとの遊びの中で硬く光るだんごをつくる。保育者の様子に気づいたリナは「どうやってつくるの。私もつくりたい」と興味を示してくる。そこで保育者は「秘伝のつくり方」と銘打ち、F幼稚園ならではのつくり方を知らせる。土の種類や水の加減、固め方から乾かして磨く工程まで、何日もかけて知らせることになる。リナと気の合うハルナは、リナと一緒に、光る泥だんごづくりに夢中になり始める。その様子に気がついた数人の子どもも、見よう見まねでつくり始める。そしてケントが「僕にも教えて」と言いに来るが、保育者は「リナちゃんやハルナちゃんに教えたから聞いてごらん」と、つくり方を直接ケントに教えることはせず、友だち同士の伝え合いができるようなきっかけをつくった。

　リナもハルナも、保育者と一緒につくることで、だんごを磨く段階まではできた。しかし、磨き始めるとひびが入ったり割れたりしてしまう。保育者のような硬くてピカピカのだんごにしたいと、再び初めからつくり始めた。その後、光るだんごづくりは1か月以上続く。

　この事例では、保育者は子どもの生活や興味関心にあった教材として泥だ

んごづくりを選んで、きっかけをつくった。F幼稚園では、晩秋の遊びとして教育計画に泥だんごづくりが含まれていることが背景にある。5歳児の子どもにとっては少し困難が伴うが、何回か挑戦するとできるような予測をもつことができる遊びであることが心を引きつける要因となっている。

「大きくなりたい」「知りたい」「やってみたい」と思っている5歳児の心を引きつけている。

3 ── 思いをつなぐ保育者

保育者は、一人ひとりの気持ちを受け止めながら嬉しい思いや楽しさがクラスに広がるようにクラスの仲間として心をつなぐ。また、一人ひとりのよさが友だちに伝わっていくように認めたり伝えたりする。このように、友だちと一緒にいることの心地よさや友だちのよさを感じられるようにすることは、保育者として重要な役割である。

なぜ、思いをつなぐことが必要であるかというと、子どもの思いは友だちや周囲に伝わらないことが多いからである。それは、伝える言葉や相手の気持ちのとらえ方が十分でないことや自己中心性が強いなど、発達の特性が原因である。だからこそ、保育者がさまざまな方法で子どもの思いを伝わるようにしていく必要がある。ここでは、子ども同士が思いを伝えるための保育者のかかわりについて考える。

事例2　伝えることの難しさ（4歳児）

4歳児のヒロキはブロックで飛行機をつくっていたが、すくそばの友だちの遊びが気になり、しばらくその場から離れた。そこへワタルがやってきてヒロキのつくったブロックの飛行機を解体して収納用の箱に入れた。そして、その場で解体したブロックも使いながら遊び始めた。しばらくして、ヒロキが飛行機のブロックで遊ぼうと戻ってきたが、自分のつくった飛行機がなくなり、ワタルが遊んでいる様子を見て、「ワタル君が壊した。僕の飛行機を壊した」と大きな声で泣き始めた。その様子に気づいた保育者は、「びっくりしたのね。悲しいのね」と、ヒロキを抱き寄せながらワタルに話しかける。「ワタル君は、ここでブロックをしようと思って来たのよね。ヒロキ君がここで飛行機をつくっていたこと知っていた？」と話を聞く。ワタルは「知らなかった」と答える。保育者は「そうね。ワタル君は飛行機がヒロキ君のだって知らなかったの。だから、片づけてここで遊んでいたのだと思うわ」。ヒロキは泣き止み、話を聞き始める。「ヒロキ君は大事な飛行機を置きっぱなしにしたからね」「ワタル君は『この飛行機はだれの？』って聞いていたら、2人ともびっくりしないです

んだね」と、壊れたヒロキの飛行機を一緒につくり直しながら話をする。ヒロキもワタルも何事もなかったように、飛行機づくりに夢中になる。

　自分の出会った場面の状況から言葉を使って聞いたり、周りの状況を見て想像することがまだ難しいために起こるトラブルである。保育者は、このような機会をとらえて必要な状況を補足したり、必要な言葉を知らせたりしながら心のすれ違いを修正し、同じ場で遊ぶことを楽しめるように導いている。

第2節 ● 保育者にとっての子どもの意味

　乳幼児期の教育は、環境による教育である。子どもの育ちに応じた環境をつくり、子どもがかかわり、この繰り返しと積み重ねの中で子どもは成長する。また一方で、環境をつくり出す保育者も、環境にかかわる子どもに育てられている。子どもと保育者の育ち合いが積み上げられることで、両者の育ちと保育の質の向上につながっていく。

　子どもがやりたいと思ったことを見つけると、保育者はそれを実現できるように手立てを考える。また、その過程の中で、子どもの思いを感じとり、行動を分析する。そして、その手立てが子どもの興味や関心に応じていたかを確かめ、内容を修正したり、次の手立てを考えたりする。保育者は、常に子どもの興味関心から課題を見出だし、具体的な手立てを考えている。このように、子どもの興味関心に応じて具体的な手立てを増やすことが、保育内容が充実するサイクルにつながっている。また一方で、保育者は、子どもの姿から「どうして、この子は」「あの時、なぜ」と思うことがある。このことが、自分の保育や保育観を見つめなおすチャンスになる。

　保育者は子どもとのかかわりの中で、子どもに寄り添いながら保育の手立てを考え、保育を振り返り、保育者として成長していく。前述のように子どもにとって保育者は重要な環境であるが、保育者にとってもまた、子どもは重要な人的環境である。

1 ── 子どもから知らされる

　「一人ひとりのがんばっている様子を十分に認めていく」という援助の内容を指導案に記すことがある。子どものよいところを見つけて認めることは、

子どもの安心や自信、自己肯定感につながるために必要なことである。しかし、「認める」とは通り一遍のことではなく、保育の中では、さまざまな方法で子どもや状況に合ったアプローチをすることが求められる。

事例3 「○○ちゃん、がんばったね」（5歳児）
　運動会が近い5歳児。チーム対抗のリレーが終わり、保育者が負けた赤チームに、「力を合わせてすごくがんばったね」と、その姿を認める言葉をかけた。しかしカホは、「くやしい」と泣き始める。赤チームのほかの子どももくやしさをこらえている様子である。保育者は「くやしいね。どうやったら速くなるかみんなで考えよう」と言葉を変えた。そして、保育者はチームの話し合いに加わり、バトンの渡し方やコースの取り方など、子どもたちの考えを引き出していった。次の日から赤チームは自分たちで集まって「秘密練習」と称して、チームの友だちと繰り返しリレーをする様子が見られるようになった。

　事例3から、保育者は、子どもを認める言葉は本当に子どもが認めてほしいときに心に響くということを知らされた。そして、子どもが何を望んでいるかを感じ取りながらかかわることの大切さを子どもたちの姿から学んだ。

2 ── さまざまなとらえ方を教えてくれる

　保育者は子どもの遊びの様子から、その遊びが子どもにとっていかに楽しいものになるかを考える。それは「子どもの心情や興味関心をとらえる」ことから出発する。そして、その遊びがより楽しい遊びとなるように、そこにかかわる「人・もの・こと」やこれまでの「発達や経験」などを踏まえて、保育の内容を考える。これは、単に考えるという行為に留まらず「保育を思い描く」という行為に相当する。このように保育者は、さまざまな状況を総合して「保育を思い描き」ながら、実践を展開していく。思い描いたことが子どもの心に沿っていることもあるが、思い描きとは異なる子どもの様子に出会うこともある。

事例4 ぼくが消防士（3歳児）
　3歳児ヒロアキが赤い車を消防車に見立てて、消防士のまねをして遊び始めた。保育者は、この遊びをみんなで楽しめる遊びになるように、ホースや家を描いた背景等を複数用意してコースをつくり、交代しながら遊ぶことができるように環境を整えた。その様子に気づいたヒロアキは、すぐに消防車に乗ってホースを使って火を消すまねをして遊び始めた。しかし、他の子どもが来ると、

> 「ここはだめ」「ここもだめ」と友だちを押しのけてトラブルになる。その様子を見て、保育者はヒロアキのコースとして他のコースをつくり、ヒロアキが一人で何回もできるようにした。

「ヒロアキくんは、友だちと一緒に自分のやりたいことができることが嬉しいのではないか」、「消防車や消防士は他の子どもたちも興味があるのでクラスのみんなで楽しめるのではないか」と、保育者は保育を思い描き準備をした。しかし、ヒロアキの言動から、自分は消防士になりたいが、他の友だちが自分のイメージした世界に入って来ることがとてもいやだったのだと察した。この様子を受けて、保育者はコースを分けてヒロアキがゆっくりと楽しめる環境に変更した。保育者は、ヒロアキのしたいことと自分のヒロアキの気持ちのとらえ方が異なっていたことに気づいて、保育の方向を転換している。

保育者は、子どもの行動、気持ち、遊びそのものの展開など、さまざまに保育を思い描く。そして、思い描きをもとに、内容や援助を考える。そのうえで保育をするが、そこに正解があるわけではない。時には、子どもの思いと異なることに気づき修正する。答えの方向は、子どもと手探りで考えることになる。

第3節 ● 子どもにとっての友だち

子どもが他者を意識するようになると、同じものを使う、まねをする、一緒にいるなどの時間や体験の共有からさまざまなかかわりが生まれるようになる。そして、友だちを好きと思う気持ち、けんかや仲直り、友だちとの間で起こる葛藤など、友だちとのかかわりを通して互いを理解するようになる。また、一人ではやりきれないことを友だちと一緒に乗り越えることによって、友だちがいるよさや相手の大切さを感じ、体験を通して互いを理解するようになる。友だちがいるからできることが、保育の中には数えきれないほどある。子どもにとって友だちはとても重要な人的環境といえる。

1 ── 友だちがいてくれる心地よさ

保育者は、一人ひとりが自分の遊びたいことを見つけて遊ぶための教材や

空間を用意することを保証しながら、一方で友だちとの関係づくりの援助も並行して始める。たとえば、子どもが、砂場でカップに砂を入れてプリンに見立てたものを保育者に見せる。保育者は同じ場（砂場）で遊ぶ2人をつなぐために「さっき○○くんにごちそうをいただいたから、デザートにちょうどいいわ。いただきます」といったように、友だちの存在を意識できるような言葉を伝える。また、集団のゲーム（フルーツバスケット・しっぽとりおに等）を繰り返し楽しむことができるようにすることで、友だちがいるからこその楽しさの経験を重ねていく。

友だちといっしょに陰を見る

2 ── 挑戦意欲の高まりに

5歳児になると、友だちと考えを出し合って、自分たちの目標に向かって遊びや生活を進めることができるようになる。

事例1の「光る泥だんごづくり」では、子どもたちは、その後、自分たちなりの法則を見つけて、赤土、黒土、最後に表面にかける鉄分の多い砂など、その性質を友だち同士で伝え合い、光る・硬いだんごをつくるまでになった。このように、より硬く、完成度の高いものを求めて、つくり上げる意欲はなによりも一緒に取り組む友だちの存在が大きい。

事例5　遊園地ごっこ（5歳児）

5歳児の後半に毎年行われる遊園地ごっこは、年長組がさまざまなアトラクションを園内につくり、他の学年を招待する行事である。毎年の繰り返しの中で行われる行事なので、子どもなりに見通しをもっている。そのため、何をつくるかという話し合いも、自分たちで進めることが可能だった。必要な材料や道具を保育者に伝えながら、

遊園地ごっこ

仲間と一緒に作業に取りかかる。保育者から提示された乗り物の本体となる段ボール箱を選ぶ。また、台車と段ボール箱を接着する方法についても互いの意見を出し合っていた。

遊園地ごっこの当日には、「小さい子が喜ぶのはウサギのマークだと思うよ」「できたらメダルをあげよう」などと進め方を知らせ合う様子が見られた。台車を使ったゴーカートでは「小さい子だから一番のゆっくりのスピードでいくよ」と声をかけあう様子も見られた。

友だちとかかわり合いながら、自分たちで目標に向かい意欲的に活動を進めている様子をとらえることができる。このような子どもの姿の背景には、保育者の思い描きや意図的なかかわり、園の文化などがあり、さまざまなことが関連し合いながら、子どもの意欲的な活動を支えている。

3 ── 対話的な学びの基礎に

幼稚園教育要領に、「一人一人を生かした集団の形成をしながら人と関わる力を育てていくようにすること。その際、集団生活の中で、幼児が自己を発揮し、教師や他の幼児に認められる体験をし、自分のよさや特徴に気付き、自信をもって行動できるようにすること」[※1]と記されているように、5歳児の後半の生活は、主体的な活動と友だちとの対話の中で展開され高められていく。

※1 幼稚園教育要領第2章ねらい及び内容人間関係「3 内容の取扱い」より。

事例5にあげた「遊園地ごっこ」でも、友だちに自分の思いを伝えることや相手の思いや考えを聞くことが、活動を進めるためには必要なこととなっていた。また「小さい子が喜ぶのはウサギのマークだと思うよ」「できたらメダルをあげよう」などと、相手の状況に立って考える様子も見られる。台車を使ったゴーカートでは「小さい子だから一番のゆっくりのスピードでいくよ」と声をかけあう様子もみられた。「遊園地ごっこ」という園の行事は、子どもに、話し合う・計画する・完成するための方法を考える・友だちと力を合わせる・相手のことを思いやるなどの機会をつくることとなり、小学校以降の学びの基礎となっている。

愛着関係の形成から始まった人とのかかわりが、5年間にさまざまな人や文化の中で対話的な学びを導く基礎となっている。

第4節 ● 異年齢の子どもやさまざまな人とのかかわり

さまざまな人・もの・こととの出会いは、子どもの感性を豊かにしてくれる。しかし近年、社会の状況の変化により保育が長時間化し、核家族化も進

んでいる。このような子どもを取り巻く状況の中で、日常生活の中でかかわる人や地域の子ども同士の関係が日常生活の中で見られなくなっている。その度合いや状況は地域によって異なっている。その土地の文化の中で豊かな感性を開いていくことができるように、園外の地域との交流を進めていくことが望まれている。

1 ── 近隣の小中学校と

　小中学生は、幼児にとって大きくなる身近な目標である。交流授業や職場体験などの機会に直接かかわることがあこがれの気持ちにつながる。
　たとえば、大きな地震が来たことを想定しての2次避難では、中学生と幼児がペアで移動することで一人ひとりがふれあう貴重な体験になる。また、夏祭りや運動会などのボランティアを通して、その様子にふれる機会も有効である。
　このような機会をつくることで「お兄さんのように大きくなりたい」とあこがれを抱く子どもと、自分の幼いときを思い返し穏やかな気持ちになる中学生の双方に、よい影響がもたらされている。

2 ── 異年齢のかかわり

　5歳児が1歳児の靴の着脱を手伝う機会をつくる。その様子を4歳児に「さくら組のお姉さんは、やさしいね。小さい子のお世話も手伝えるのね」とつぶやく。この行為は、保育者のつぶやきにより、1歳児にとってはやさしいお姉さんの認識、5歳児にとっては認められた自己有用感、4歳児にはあこがれの行為となっていく。このように保育者が言葉に出して伝えていくことで、日常につくられたかかわりの機会が互いに意味をもつようになる。異年齢の子ども同士が日常的にかかわることが可能な生活づくりは、子ども同士が育ちあう関係をつくるためにとても大切である。

3 ── 高齢者とのかかわり

　近年、多くの高齢者のための施設ができている。高齢者がかもし出すゆったりとした雰囲気や受容する温かさを感じてほしいと願い、施設を訪問することがある。施設での初めての交流のときには、出会いに戸惑う様子を見せる子どももいる。しかし、子どもたちの歌やダンスを披露する機会をつくる

と、お年寄りが拍手と笑顔や「かわいいね」の言葉を子どもに届けてくれる。子どもたちも、温かく包まれる心地よさを感じる。訪問を重ねるごとに「今度は、縄跳びを飛ぶところを見せてほしい」「合奏を聞いてもらいたい」と、交流を楽しみにする様子が見られるようになる。自分が無条件に受け入れられた喜びが、子どもの自信や意欲につながっていく。

4 ── 地域の応援団、ゲストティーチャー

園にかかわる人や地域の活動から、子どもの生活を豊かにするためのさまざまな取り組みを見つけていくことは、保育の質の向上につながる。たとえば、卒園児の保護者で音楽に堪能な人を招いてコンサートをする、茶道や華道のたしなみのある人をお招きして教えていただく、けん玉の名人に指導をいただくなど、地域の状況に応じて人材を発掘することが保育を豊かにしていくことにつながっていく。

●「第4章」学びの確認
①子どもと保育者とのかかわりの中でどのようなことが大切なのかを考えてみよう。
②保育者は子どもからどのようなことを学ぶだろうか。
③子どもにとって友だちとかかわることは、どのような意味をもつだろうか。
●発展的な学びへ
①子どもにとって人的環境がなぜ大切なのかを話し合ってみよう。
②人的環境である保育者は、どのような専門性が必要だろうか。
③人とのかかわりを豊かにするためには、どのようなことが大切だろうか。

参考文献
1）日本保育学会編『保育学講座3 保育のいとなみ』東京大学出版会　2016年
2）岩田純一『保育の仕事』金子書房　2017年

第 5 章 豊かな生活を育む環境をデザインする―物的環境―

◆キーポイント◆

　園における環境のうち、その多くを占めるのは、保育室や園庭、固定遊具や棚、机やピアノ、絵本や折り紙などといった「物的環境」である。子どもは保育者が構成した環境に興味をもち、意欲をもってかかわる中で、物の性質を知ったり考えたり工夫をしたりするなど、多様な経験を積み重ねていく。そのため、子どもが環境にかかわり充実した生活や遊びの経験を積み重ねていくことができるよう、園における物的環境の性質や特徴を理解したうえで、環境の構成を行っていくことが大切である。さらに、物的環境を用いて環境の構成を行うだけでなく、環境にかかわる子どもの経験の広がりや深まりを、保育者が言葉がけや指導・援助することによって促していくことが求められる。

第1節 ● 乳幼児にとって魅力ある保育環境をデザインする

1 ── 保育環境をデザインする

　幼児教育・保育は「環境を通して」行われる。乳幼児が主体的に環境にかかわり、充実した生活や遊びを展開する中で、望ましい方向に向かって発達が促されていくよう、保育者は物的環境を構成するとともに、人的環境として援助を行うことが重要である。保育環境は、興味関心や経験など保育者がとらえた子どもの姿と、保育者のねらい・ねがいの両方をふまえ、意図的かつ計画的に構成されるものである。そして、子どもが興味や意欲をもってかかわることでこそ、環境との深いかかわりが起こり、豊かな経験が生まれる。そのため、保育者は子どもが自分から興味をもって環境にかかわることができるように、保育環境をデザインすることが重要になる。

　保育環境をデザインするうえで、次の3つの点を意識しておくことが必要である。第一に、保育環境は、園における保育の目標に向かっていくことを支えるものであり、かつ乳幼児期にふさわしいものであるということである。子どもは園の環境の中で生活し、環境に影響を受けて育つ。そのため、子どもたちにどのように園で過ごして欲しいか、育って欲しいか、経験してほし

いかなどについて、保育者がよく考え、環境を構成することが重要である。第二に、保育環境は、乳幼児一人ひとりの主体的な生活や遊びを支え、発達に必要な経験を積み重ねるために構成するものであるということである。子どもの発達に沿った環境や、子ども自身が興味関心や意欲をもってかかわることができる環境によって、子どもと環境とのかかわりは深まっていくのである。子どもの姿（興味関心・経験・発達など）を日々の遊びや生活する姿からとらえ、それをふまえて子どもの経験や発達を促すことができる環境を構成していくことが大切である。第三に、長期的かつ総合的な観点から、柔軟に環境を構成することである。

2 ── 保育環境のデザインと物的環境

　保育者が保育環境をデザインし、子どもがその環境にかかわり、さまざまな経験をしていくうえで、物的環境は欠かすことができないものである。物的環境とは、表5-1に示しているように、「園具・遊具・素材」「空間・場」「生き物・自然」など園の環境の大部分を占めている。

　保育者が物的環境を構成していく際の視点として、柴崎は、発達、生活リズム、活動リズム、人数、友だち関係を意識することが必要であると指摘している。発達については、子どもの身体の大きさや手の操作性、認知（物の見え方や感じ方）、遊びの段階などを考慮することが必要である[1]。生活リズム、活動リズムについては、1日や活動の流れの中には「活動するとき・盛り上がり集中するとき（動）」と「休むとき・収束するとき（静）」の両方が存在することを意識して環境を構成することが必要になる。人数は、子どもの数が多かったり活動の広がりがあれば、空間を広げたり遊具・道具の数を多く確保したりすることが必要であり、子どもの数が少なかったり活動範囲が狭くなれば、落ち着いて遊ぶことができるように場を狭めたり遊具や道具を片づけたりすることが必要になる。友だち関係は、特定の友だち関係を大切にするのであれば場を区切ったり、友だち関係を広げるのであれば場を広げたりする。

　なお、物的環境を構成する際には、保育者自身が園におけるさまざまな物的環境について、その種類・性質を十分に理解し、活かすことが重要である。色や形、数、量、大きさ、重さ、高さ、長さ、広さ、質などを考慮することに加え、物的環境同士の組み合わせ方や置き方、子どもの動きや動線などにも配慮をすることが必要である。さらに、光や音、時間の流れなどについても合わせて意識しておくことが大切である。保育者自身が、生活や遊び、活

表5-1　園におけるさまざまな物的環境

園具・遊具・素材	身体を動かして遊ぶもの	固定遊具（滑り台・ブランコ・ジャングルジム・鉄棒・登り棒・総合遊具など） ボール・縄・フープ 平均台・跳び箱・マット・巧技台 箱車・三輪車・二輪車・一輪車・手押し車 サッカーゴール・プール　など
	身近な自然に親しむもの	栽培に使う用具（シャベル・バケツ・じょうろ・ホース） 飼育のための用具（虫かご・水槽・虫網・小動物用ケージ） 砂遊びや水遊びに使う道具（シャベル・バケツ・ふるい・じょうろ・たらい・トレイ・パイプ・とい・カップなど） 花壇・野菜園・植木鉢・砂場・水場・土山　など
	さまざまな表現を楽しむもの	描画に使う道具（筆・クレヨン・絵の具・フェルトペン・色鉛筆・鉛筆など） 製作に使う道具（ハサミ・のり・かなづち・のこぎり） 製作に使う素材（画用紙・折り紙・包装紙・新聞紙・のり・粘着テープ・ガムテープ・ダンボール・リボン・モール・毛糸・綿・布・ボタン・空き箱・廃材など） 粘土・粘土板 積み木・ブロック 人形・ぬいぐるみ ままごと道具 楽器（鈴・ピアノ）・音楽設備・CD　など
	身近な情報に触れるもの	児童文化財（絵本・紙芝居・ペープサート・パネルシアター・エプロンシアター）・図鑑 OHP・OHC・プロジェクター カメラ・ビデオカメラ・テレビ・パソコン・タブレット端末 掲示板・ホワイトボード・壁画
	園生活を送るためのもの	机・椅子 収納棚・個人用物入れ（ロッカー）・靴箱・傘立て・ハンガー 時計・温度計・保健衛生用具・避難用具
空間・場		保育室・遊戯室・図書室 テラス・廊下・階段・踊り場・玄関 園庭・中庭・裏庭
生き物・自然		虫・動物（飼育している虫や動物・園庭にいる虫） 植物（栽培している野菜や花・園庭に生えている樹木や草花）
その他		光・音・時間・動線・温度・湿度

動に応じて物的環境について教材研究を行い、子どもにとってふさわしい環境について考えていくようにしたい。

　それから、物的環境を構成する際には、片づけのことについても考えておきたい。片づけは単に物をしまうという生活習慣上の活動以外にも、物をしまい空間を整理する過程で、遊びや活動から他の活動や生活へと心身を移行させていくという意味をもつ。また、片づけは整理整頓の過程で、物を種類

ごとに分類したり、年齢によっては物の形や数などにふれたりする機会になることにも留意し、子どもが自ら片づける意欲をもてるような環境を考えておきたい。

3 ── 乳幼児にとって魅力ある環境とは

子どもの発達は、その子どもが自分自身を十分に発揮しながら、対象と深くかかわる経験を積み重ねていくことで生じる。そのため、保育環境も子どもにとって魅力ある環境であることが重要になる。秋田らは、子どもの経験から保育環境の質をとらえたときに、「安心感・居場所感を保証する環境」と「夢中や没頭を保証する環境」が重要であると指摘している[2]。

(1) 安心感や居場所感を保証する環境

集団生活を送る子どもたちにとって、一人ひとりの存在がまるごと受け止められていると感じられたり、好きな友だちや保育者とともに過ごせる喜びを感じられたりすることは情緒の安定につながり、さまざまなことに意欲的に取り組む土台となる。なお、特に乳児においては、生理的な欲求が満たされることと情緒の安定とのつながりを十分に配慮しながら環境を構成していくことが重要である。

① 身体が休まる

乳児や長時間の保育を必要とする子どもが、生活のリズムに応じて安心して身体を休められるようにするということに加え、疲れたときに休むことができたり、嫌なことや悲しいことがあったときに気持ちを落ち着けることができたりするなど、どの子どもも心身の状態に応じて安心して過ごせるような場所が大切である。

② 一人や仲間内だけでいられる

保育所や幼稚園等では集団生活を送るからこそ、時には一人でいたいときや一人で集中したいとき、また仲の良い子どもたち同士でいたいときにいられるような空間があることも大切である。特に、特別な支援が必要な子どもに対しての配慮として、一人で落ち着いて過ごせる場所や気持ちを切り替えられる空間があるとよい。

③ 大事に見守られている感覚がある

子どもたちにとって、自分がここにいてよいという感覚をもてることは、心地よく安心して生活することにつながる。保育者が人的環境として、危ないことやいけないことをしていないかという監視の目ではなく、温かいまな

ざしを子どもたちに注ぐということが重要である。それに加え、遊びに夢中になっている子どもがふと保育者を見たときに、子どもから保育者の姿を見て安心することができるような物的な環境構成を意識することも大切である。

④ 私や私たちの場の感覚がある

子どもたちが日々生活を送る中で、遊びや生活の場に対して自分たちの場であるという愛着をもつこと、友だちや先生とのつながりを感じられることは、情緒の安定につながるとともに、安心してさまざまなことに取り組んだり挑戦したりする意欲につながる。

ゆったりと絵本が読める絵本コーナー
（1歳児クラス）

安心して過ごせる手づくりの家
（1歳児クラス）

(2) 夢中や没頭を保証する環境

子どもは、遊びや活動に夢中になったり没頭したりするなかで、発達に必要な経験を積み重ねていくことができる。遊びや活動に夢中になったり没頭したりすることができるよう、子どもが魅力を感じ意欲的にかかわり、挑戦や探求をしていくことができるような環境が必要である。

① かかわりたくなる

子ども一人ひとりのさまざまな興味関心や、やってみたいという意欲を引き出すことは、遊びや活動の第一歩となるため、子どもがやってみたい、これはなんだろうと思うような物の選択や置き方を工夫することが大切である。また、長く継続している遊びや活動については、数日・数週間にわたり同じ場所に物をとって置く場合があるが、毎日の片づけの時に必要がない物を片づけたり必要な物を整理整頓したりすることで、次に遊ぶとき、活動するときにまたやろうという意欲につなげることも大事にしたい。

第1部　基礎編―保育における領域「環境」の理解―

レストランごっこの雰囲気をつくる布
（2歳児クラス）

種類ごとに分けて置かれた自然物
（4・5歳児クラス）

② **利用しやすい**

　物を子ども自身で手にとりやすい、使いやすい場所に置くようにすることで、子どもが何かをしたいと思ったときにすぐに始めることができる。特に子どもに使って欲しいと思う物や、興味をもって欲しいと思う物については、子どもの目線に入りやすい、取り出しやすい場所に置いておくようにすることが大切である。また、子ども自身がいくつかの中から選ぶことができるように配慮することも、子どもが主体性を発揮して遊びや活動に取り組めるようにしていくうえで重要である。

　乳児については、特に自我の育ちのなかで、たくさんの物を持ちたがったり、他の子どもが持っているものを欲しがったりすることもあるので、ある程度の数を用意しておくことが大切である。一方で、年長児などについては、遊びや活動の展開を保育者が予想して準備はしておくが、子どもが欲しいというまで出さずに待つことで、子ども自身がこれを使いたいという思いを引き出したり、不便さや不足感がある環境にあえてしておくことで、子どもが考えたり工夫したりする余地を残しておくことも想定しておく。

種類ごとに分けられた線路や電車
（4・5歳児クラス）

同じものを複数おく（1歳児クラス）

③ 続けたくなる

　子どもたちは遊びや活動の中で、工夫や試行錯誤をするなど挑戦や探求を通して、さまざまなことを考えたり発見し気づいたりという経験を積み重ねていく。そして、気づきや発見を踏まえて、次の遊びや活動に取り組んでいく。このような挑戦や探求の過程を支えるためには、もっとやりたい、もっとおもしろくしたいという意欲がもてるような環境を構成することである。

　そのためには、砂や積み木、廃材など、応答性や多様性がある、見立てることができる、何度も繰り返すことややり直すことができるなどの素材を意識的に用意していくことが重要である[3]。また、子どもが考えや気持ちを表現したり気づいたり考えたりすることができるよう、子どもに質問するなどの援助を保育者がすることや、一緒に考えたりモデルになったりすること、時には家庭とつなぐことも大切になる。また、「してはダメ」「は危ないからやめようね」など禁止の言葉はなるべく少ないほうが挑戦的な意欲がわきやすいことから[4]、禁止の言葉をできるだけ使わなくてよいような環境の構成や保育の方法を、保育者同士で話し合い連携していくことも大切である。

　また、子どもの年齢が上がるに従って、「成功したことや失敗してわかったことを伝え合う」「興味、関心にひかれ友だちとつながり、共通の目的のために共同して遊ぶ」「今日の活動の結果から一緒に明日の遊びへの見通しをもつ」など、友だちと支え合うことで遊びの展開がなされていく[5]。そのため、保育者が子どもの表現や言葉を引き出していくこと、子ども同士の間の考えをつないでいくようにしたい。

④ 足跡がある（振り返ることができる・見通しがもてる）

　子どもたちが遊びや活動のなかで、どのようなことを考えたり発見したり話し合ったりしてきたのかということを振り返ることや、これからどのようにするのかの見通しをもつことができる環境を構成していくことも重要である。遊びや話し合いの過程が可視化されることによって、物事に継続的に取

いちごを育てた過程の写真を掲示
（4歳児クラス）

つくったものを並べて他の子にわかるように
（2歳児クラス）

り組むうえで深く考えることができたり、情報が共有され、子ども同士で話し合ったり、他の子どもがしていることに興味をもったりするきっかけになったりすることもある。

第2節 ● 屋内環境をデザインする
―子どもの生活や遊びを豊かにする環境―

1 ── 保育室

　保育室は子どもにとって、園での生活の拠点であり主な居場所でもある。「わたし」の場所でもあり、仲間や保育者とともに過ごす「わたしたち」の場所でもある。保育室は、遊びや活動を行う場であると同時に、お弁当や給食を食べるなどの生活の場にもなり、1日のなかで保育室はさまざまな役割を果たしている。そのため、子どもにとって保育室は、安心感や居場所感を得ることができる場所であると同時に、夢中や没頭・挑戦や探求を支える場所の両面をもつことが必要となり、時には矛盾する役割を保育室のなかにもたせることになる。

(1) **生活の場としての保育室**

　子どもは保育室の中で1日の多くを過ごすことから、自分の部屋として子どもが感じることができるよう、温かい雰囲気と安定感がある環境を構成することが最も大切である。特に、入園や進級をしてしばらくは、子どもは新しい生活の場になじめず不安にもなりやすいが、棚やピアノなどの園具は安定した位置に配置しておくことで、同じ場所に同じ物がある安心感から自分の居場所としての感覚を得ていくことができる。また、光や音などについては、あまり刺激が強くなりすぎないよう気をつけるようにしたい。特に音については、たくさんの子どもたちが一緒に生活する分、家庭よりも音の刺激が強くなりやすい。音の刺激が強いと、遊びなどに集中することができなくなったり落ち着かなくなったりすることもある。保育者の声も大きくなりすぎないように心がける必要がある。

　そして、生活の場としての保育室は、子どもにとって基本的な生活習慣を獲得する場でもある。登降園時の身支度、着替え、排泄、食事、清潔、安全などは、自分でやろうという意欲が育ち、繰り返すことで習慣が身について

いくように、子どもにとって使いやすく見通しがもちやすい環境が必要である。また、生活場面は、排泄をしてから手を洗うなど、複数の生活習慣が組み合わさっていることや、一度に複数の子どもたちが動くことも多いため、動線を考慮して環境を構成していくことも重要である。さらに、園生活は集団での生活であり、生活の流れ（どの時間に何をするのか）を決めるのは保育者であることが多いからこそ、子どもが見通しをもって動いたり気持ちを切り替えられたりとスムーズに移行できるような配慮があると、子ども自身が主体的に生活に取り組むことができる。

(2) 遊びや活動の場としての保育室

子どもの園での生活のほとんどは遊びや活動であることから、保育室は遊びや活動環境としての機能をもたせる必要がある。

保育所等の乳児クラスの環境で重要なこととして、高山は、①なめらかに動く身体を育む、②なめらかに動く手を育む、③のびやかな心を育む、④よく考える頭を育てる、という4つのポイントをあげている[1]。身体と運動機能の育ちが著しいときであるからこそ、身体機能の育ちに沿って十分に身体を動かしたり、体幹や五感を育んだりすることができるような環境を構成することや、さまざまな手の動かし方ができたり、繰り返し試したりできるような玩具を用意することが大切である。また、子どもたちは保育者が、自分のしていることを見てくれているか、自分がしたいことをわかってくれているかということを感じ取っている。保育者が温かいまなざしややわらかい言葉を向け、応答的にかかわることが最も重要な環境となる。

幼児クラスにおいては、子どもたちが生活・遊びとともに自分なりに目当てや見通し、期待をもつことができること、試行錯誤や工夫、挑戦や探求ができること、想像したり表現したりすることができること、仲間とともに楽しんだり考えたりできることなど、子どもが主体的に環境にかかわり、遊び

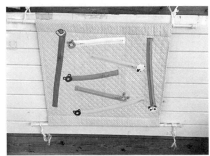

さまざまな方向に手を動かせる手づくりおもちゃ

拾ったどんぐりや葉っぱを入れる箱

や活動が充実したものとなるように意識して環境を構成する必要がある。活動によって椅子や机などの配置を変えることができるように、広く部屋を使う方法もあれば、ごっこ遊びや積み木遊び、折り紙、製作などを落ち着いてできるようにコーナーを設置する方法もある。また、ごっこ遊びなどにおいては、遊びのイメージをつくり出すために具体的な物を置くこともあれば、子どものイメージで自由に遊ぶことができるよう見立てができるような物を置くこともある。また、4・5歳児であれば、遊びの中で必要なものを自分でつくることができるように、素材や道具などを使いやすいように準備しておくことも多い。

　さらに、遊びや活動に応じて空間の構成と物の配置を柔軟に行うことや、保育者が子どもと環境とのかかわりを深めていくような援助を行っていくことが大切である。

材料を使いやすく入れた棚

野菜や果物などの木製玩具

遊びに必要な物を自分たちでつくる

見立てて使える玩具

2 ── 遊戯室・ホール

　遊戯室やホールと呼ばれる場所は、入園式や卒園式を始め、誕生会や季節の行事など園全体での行事を行うほかにも、運動や身体を大きく動かす活動や遊び、大型積み木などの園具を用いての遊びを行うなど、広い空間を生か

した多様な機能を持つ。遊戯室は広いからこそ、十分に遊戯室を活用するためには、広い空間をどのように使うのかについて考え工夫することが必要である。特に、運動的な遊び（マット、跳び箱、巧技台、ボール、フープ）やダンスなど身体を大きく動かす遊びは動的であり、ごっこ遊びは、会話を交わしながら仲間とイメージを共有していく静的な遊びであることから、それぞれの遊びがお互いを邪魔することがないように、使う時間を決めたり、遊戯室の広さによっては空間を区切るようにする。

　また、子どもたちが遊びをつくり出して行くうえで、自ら必要な空間の広さを考え、場を構成していくことができる力をつけていけるようにしていくことも大切である。たとえば、子どもたちが自分たちで空間を区切ることができるような仕切りなどをつくって置いたり、遊びの空間をつくるために使うことができる大型積み木などを、子どもたち自身で出しやすい場所に置くようにしたりする。

自分たちで空間を仕切って遊ぶ

仕切り板で家をつくる

発表会で使った道具を出しておく

発表会の翌日の発表会ごっこ

　それから、発表会や運動会など園全体での行事の後は、子どもたちが行事の経験を踏まえたごっこ遊びをすることができるように、行事で使用した物などを遊戯室や保育室に置いておくなど、行事を追体験したり他の年齢の子どもを見てあこがれをもった活動を展開できるようにしておくことも、子ど

もの表現を広げていくうえで大切である。

3 ── テラスや廊下

　テラスや廊下は、保育室と園庭、保育室と保育室をつなぐ場所であるが、場と場をつなぐ役割以外にもさまざまな役割ももっている。ある場所から異なる場所への移動のための空間としてのみとらえるのではなく、テラスや廊下をひとつの生活の空間として柔軟に用いたり、子どもにとって保育室や園庭とはまた異なる遊びの場として環境を構成したりすることで、子どもたちの新たな動きやかかわりが生まれる。

　たとえば、テラスは、保育室と園庭との間にある空間であり、園庭の遊びと保育室の遊びが交錯したり、狭い空間により仲間と近い距離で遊んだりくつろいだり、外で遊んでいる子どもの様子を見るなど、ぼーっとすることができる場所にもなる。また、ウサギなどの小動物のケージを置くことで、子どもたちが小動物の世話をすることを通して、命にふれたり心が安らいだりすることもできる。そして、登降園がテラスを通して行われる園であれば、家庭と園をつなぐ場としても機能し、子どもにとっては園生活と家庭での生活を心身ともに移行するための境界となる。

　廊下についても、さまざまな可能性をもった場所である。保育室が狭い園などでは、着替えをしたり、たくさんの子どもがいる保育室では気持ちが落ち着かなくなった子どもにとって、他の子どもと離れることができる場所にもなる。また、廊下が広い場合は、巧技台を設置して身体を動かせる場所にしたり、椅子をいくつも置いて電車ごっこをする、電車のおもちゃをつなげて遊ぶなど廊下の長さを使った遊びを展開したりと、もうひとつの保育室としての役割をもたせることもできる。

　ほかにも階段の下などでままごと遊びや秘密基地ごっこをしたり、子ども同士で内緒話をする姿が見られたりするなど、園内には大人が想像しているよりもさまざまな空間がある。子どもはそういった空間に興味を示し入ったり使ったりするので、柔軟な活用を大切にしながらも、安全への配慮も十分に行うことが必要である。廊下やテラスについては、長いと子どもが走りやすいので、「走らないでね」「歩いてね」という言葉を保育者がかけなくても子どもが歩けるように、仕切りとなるものや立ち止まることができるようなものを置いたり、絵で標識をつくるなどの工夫があるとよい。

第5章●豊かな生活を育む環境をデザインする─物的環境─

廊下を使って敷いた長い線路
（2歳児クラス）

テラスで友だちと一緒に絵を描く
（3歳児クラス）

第3節 ● 物「素材・道具」とのかかわり

1 ── 教材としての素材や道具・生き物

　幼稚園教育要領、保育所保育指針、幼保連携型認定こども園教育・保育要領では、「資質と能力」の側面からも、保育を見直すことの重要性が指摘されている。乳幼児期の保育について、今まで教材研究が十分にはなされてこなかったことから、子どもの遊びを中心としながらも、適切な教材の提供があまり議論されてこなかった。

　子どもが遊びを主体的かつ自発的に展開していくためには、どのような環境のデザインが必要かを考えてみよう。子どもを取り巻く環境は、子どもにとってどのような意味をもって機能しているのだろうか。

　室内は、どの園でも、目にとまるものとして、「誕生日表」や四季折々の「壁面構成」が飾られている。子どもの動線に合わせ、ごっこ遊びやコーナー遊びが十分に展開できるよう、素材や道具を用意することが重要である。

　たとえば、廃材として、空き箱や牛乳パック、ペットボトルのふた、プリンカップ、トイレットペーパーの芯など（素材）や、のり、セロテープ、ガムテープ、ステープラーなど（接着する道具）や、絵の具、クレヨン、パステル、マーカーなど（描く道具）、さらに新聞紙や色紙など、子どもの遊び道具がつくり出せる用具を用意することが重要である。また、子どもが目の前の道具で、すぐに遊び出せるよう、積み木やブロック類などとともに用意して置くことも大切とされている。ごっこ遊びでは、お母さんごっこ、レストラン屋さんごっこ、お医者さんごっこなど、子どもは自由な発想で思い思いの道具を使ってごっこ遊びを楽しむ。この際、遊びに参加する子どもの人

第1部 基礎編―保育における領域「環境」の理解―

数によって、保育者は環境を広げたり、狭めたりする援助が必要となる。そして大切なことは、片づけと、明日につなげて環境を維持していけるかどうかである。これが遊びの継続につながる。

次に、飼育物の環境構成について考えてみたい。園では、水槽に金魚やザリガニ、亀を飼育していたり、カブトムシなどの幼虫や成虫を観察ケースで飼っていたりする。うさぎやモルモットをゲージに入れて飼っている園もある。こうした小動物類の飼育では、衛生に気を配り、飼育物の毎日の健康チェックは不可欠となる。

子どもたちの遊びの道具として、園には教具や道具・素材が用意されている。環境を構成し、子どもがかかわって遊ぶ中で何が育っているのかをしっかり見極めていくことが求められる。特に、生き物についての取り扱いは、命の尊さに気づいたり、生きるものをいたわる心の育ちとして大切である。どんなに小さな昆虫でも、園の中では子どもにとってかけがえのない教材として存在するものであるが、保育者が子どもとともに関心をもち、「飼育」していくサポートが大切となる。一つの環境としてクラスの中に位置づけても、飼育してまもなく死なせてしまったり、子どもの心を悲しくしたりするのでは教材としての価値はない。幼児期には一つの小動物からたくさんの学びがあることを自覚し、保育者自身が飼育物の特性や特質を理解し、扱い方や育て方を子どもたちとともに考えていく必要がある。こうした日常の経験が子どもの遊びの世界観を広げ、遊びと学びが融合し、飼育物からホンモノ（ごっこ遊び）の飼育物をつくり出し、遊びを発展させていくのである。

2 ── 好奇心や試行錯誤、工夫の育ち―水族館の事例から―

本事例は、室内での環境を通して、子どもたちが主体的に遊びを展開していく中で、「水族館ごっこ」や「魚釣り」から始まり「水族館ごっこ」に至る取り組みを、環境構成のあり方を視点に考えてみたい。この事例の背景には、屋外環境に自然が多く存在し、特に園舎に隣接する池があり、魚をすくったり、ザリガニを釣ったり、亀にエサを与えることのできる環境がある。

事例1　魚釣りゲーム（4歳児6月）

進級当初、園庭のツリーハウスの中央にロープで下りる大きな穴があり、その穴を池に見立て、釣りざおに糸をつけ、魚釣りをする姿が見られる。その後、保育参観で"魚釣りゲーム"を行う。○・△・□の形をした画用紙を切ったり組み合わせ、一人ひとりが好きな海の生き物タコ、イカ、クラゲ、カメ、魚な

どをつくる。そして、釣りざおで釣って遊ぶ。

【教師の意図と環境構成】

参観後も遊べるように保育者が自由遊びの時に環境を用意しておくと、やりたい子どもが集まって遊び始める。そこへ隣のクラスの子どもが興味をもつと、魚釣り屋さんごっこへと変わり「一回100円です」と言いながら店員をする子、魚釣りをする子とさまざまな遊び方を学年全体で楽しみ、一学期が終わる。

事例2　魚釣りゲームから水族館づくりへ（4歳児9月）

夏休み明けて、ユウスケが夏休み中につくった手づくりの魚図鑑を持って登園する。タカシが「僕、夏休み中に水族館へ行ったんだ！」と、ユウスケの魚図鑑に興味をもち、一緒にその図鑑を見ながら会話を弾ませる。タカシが「水族館をつくりたい！」と言い、タカシとユウスケで水族館づくりが始まる。まずは、海の生き物づくりができるように、保育者がタコ、イカ、クジラ、イルカ、サメなどさまざまな海の生き物の輪郭を一枚一枚紙に書き、その近くにクレヨンと図鑑を置いて、海の生き物の色塗りコーナーをつくる。

【教師の意図と環境構成】

子どもたちの知っている生き物を出すことで、親しみをもって他児も遊び出せるようにする（クラスのみんなで一つの遊びを楽しめるように）。少しずつ同じ名称の生き物（サメにもアカシュモクザメ、ジンベイザメなどがある）でも形や大きさが違うことがわかるように、その特徴をとらえた絵を描いて置いておく。その絵の横にその生き物の名称を書いたり、絵の近くにその生き物がのっている図鑑のページを広げたりすることで、関心がより深まるようにする。

事例3　水族館に魚を泳がせて（4歳児10月）

その結果、ユウスケ、タカシの2人でつくり始めると他児も興味をもち、色塗りコーナーに子どもたちが集まる。図鑑を用意したが、それを見ながら色を忠実に再現することはなく、置いてある海の生き物の絵の中から好きな物を選んで、自分の好きな色で好きなように塗る。幼い頃からお父さんと一緒に何度も魚釣りに行っていたリエも興味をもつと、ユウスケ、タカシ、リエの3人が中心となって水族館づくりがさらに進んでいく。教師があらかじめ保育室の壁に青色のポリ袋を貼り、水槽に見立てられるようにしておくと、それを見て「あそこを水族館の水槽にしようよ！」と言う。

【教師の意図と環境構成】

　クラスのみんなで水族館づくりが始まり、生き物の分類わけをした後には、水槽（青色のポリ袋）の目立つところに「きけんなさかな」「ほにゅうるい」などの表示をつけてクラス全員で理解できるようにする。できあがったたくさんの海の生き物を水槽にテープで貼りつけようとしたとき、「サメと○○を同じ水槽に入れたら食べられちゃう」「毒がある生き物とそうじゃない生き物を分けよう」「これはほにゅう類だから…」などとユウスケ、タカシ、リエの3人が中心となって自分の知っている知識を伝え合いながら危険な魚、大きな魚、哺乳類などの分類わけをして水族館の水槽に生き物を貼りつけていく。

図鑑を見ながら描く子どもたち

 事例4　水族館から水族館ごっこへ（4歳児11月）

　水槽の中に魚がたくさん飾られて水族館が完成すると、「お客さんを呼ぼう！」とチケットをつくり、他クラスに配りに行く。遊びに来てくれたお客さんに「いらっしゃいませ」「何名ですか？」「こちらが入口です」などと店員さんになる子、年少児に「この魚は危険です。」と説明する子、花紙を小さく丸めてエサに見立てて「エサやりはいかがですか？」とすすめる子など、それぞれが水族館の飼育員になりきって遊ぶ。

【教師の意図と環境構成】

　クラスの一角で始めた水族館ごっこが盛り上がり、クラスのほぼ全員が参加するが、個々によってやりたいことが異なることに気づく。店員になりきってチケットとお金の受け渡し楽しむ子が増えたときには受付の環境を広くしたり、自分の知っている海の生き物に関する知識を話したい子はお客さんとしてきた年少児を案内するように促したり、アイデアが豊かで水族館に必要な物を自分で考えエサや入口の扉をつくろうとする子には素材や道具がすぐに取り出せるよう素材棚を近くに持って来たりと、子どもの動きを見ながら、それぞれやりたいことが実現できるように援助する。水

平面を水族館に見立てて飾る

族館ごっこは夏休み明けの9月から11月頃まで続くが、少しずつほかの遊びに気持ちが移り、遊ぶ姿が見られなくなったため、二学期末にいったん片づける。三学期になってタカシが再び「水族館ごっこをやりたい！」と言って始まったが、2週間程度で終了式となってしまい、年中での水族館ごっこはここでおしまいとなる。

事例5　水族館づくりの始まり（5歳児4月・5月）
　年長クラスの前には池がある。金魚やかめ、ザリガニへの関心が自然と高まり、毎日様子を見に行ったり、エサをあげる時もあれば年少児が大量に入れてしまったエサを「こんなに入れたら死んじゃうよ」と言いながら網ですくったりと、水の生き物たちとの距離が縮まり、関心が高まっている。保育者が昨年度の水族館ごっこを5月頃から出してみる。

【教師の意図と環境構成】
　初めは子どもたちの知っている生き物を出すことで親しみをもって他児も遊び出せるようにする。（クラスのみんなで一つの遊びを楽しめるように）。少しずつ同じ名称の生き物（サメにもアカシュモクザメ、ジンベイザメなどがある）でも形や大きさが違うことがわかるように、その特徴をとらえた絵を描いて置いておく。その絵の横にその生き物の名称を書いたり、絵の近くにその生き物がのっている図鑑のページを広げたりすることで、関心がより深まるようにする。

事例6　楽しかった水族館ごっこを思い出して（5歳児6月）

　年中のときと同じように水族館ごっこのコーナーをつくり、魚の輪郭だけを描いた絵、図鑑、クレヨンを用意しておく。ソウタ、ヒロトが興味を示し、昨年度の経験を思い出したかのように、保育者が用意した絵に色を塗ったり、できあがった絵を貼ったりする。保育者が用意した絵をすべてつくり終えてしまうと、今度は自分たちで図鑑を広げ、気に入った魚

水族館をつくり始めるコーナー

を見つけて真っ白な紙に自分で絵を描き、図鑑と照らし合わせながら色を塗っていく。図鑑をみて興味をもった魚の名前を読んでみたり、図鑑をたくさん読むようになったことで、同じ科目の生き物でも大きさや形、名称が全く異なることに気づく。保育者が図鑑には魚の身長も書いてあることを伝え、実際にどれくらいの大きさなのかメジャーを使って測ってみる。各クラスにつながるテ

> ラスにメジャーをのばしてみると、シロナガスクジラは保育室4つ分もあり、その大きさに子どもたちは声をあげて驚く。

【教師の意図と環境構成】

　海の生き物に対する興味・関心がより高まるように、生き物によって体長が全く異なることや自分たちとは比べ物にならないほど大きいことが実体験から伝わるようにする。

　年中の時には水族館ごっこというごっこ遊びを楽しんでいたが、より関心が高まったことで具体的な生態を細かくとらえるようになっていく。

事例7　海の生き物で囲われた空間づくり（5歳児6月・7月）

> 海の生き物がたくさんできあがると「本当の水族館は天井までたくさん魚がいる」という子どもの声から、部屋の一角に海の生き物で囲われた空間をつくることになる。壁や棚を使って囲うことにしたが、棚の高さが足りないことに気づいたソウタ、ヒロトは悩んでいる。そこへハルが来て「足りないところはブロックを積んで高くすればいいよ」と言って棚の上にブロックを積み始める。自分の背では足りないほどの高さまで達するとハルは考え込み手が止まる。

【教師の意図と環境構成】

　試行錯誤しながら遊び進めていくことが好きなハルであれば良い発想を思いつくかもしれないと思い、保育者がソウタとヒロトが困っていることを伝えて水族館づくりに参加を促す。

　少し考えた後、自分の足元にウレタンブロック積み木を置いてその上に乗ると、下にいるソウタ、ヒロトからブロックを受け取ってさらに積み上げていく。「どうすればいいかな」「ハルの背が高くなる方法はないかな」などと言いながら答えが見出せるように一緒に考え、よい方法が見つかったときにはその嬉しさや発見を大きく喜び、考えながら遊び進める楽しさを味わえるようにする。ついに天井まで海の生き物で囲われた水族館が完成すると、昨年とは違い、お客さんを水族館に呼ぶ姿はあまり見られず、水族館の中で友だちとピアニカをしたり、会話を楽しんだりと、自分たちでつくり上げた水族館という特別な空間の中で、友だちと一緒に過ごすことを楽しむ。

水槽に見立て泳がす魚の絵

第5章●豊かな生活を育む環境をデザインする―物的環境―

事例8　二階建ての水族館（5歳児10月・11月）

運動会が終わった10月中旬頃から再び「水族館を二階建てにしたい！」と話す。こうした思いの背景にはクラスにあるウレタンブロックと板を使って二階建ての家づくりをした経験があり、その経験から「水族館も上に板をのせたらいいんだ」と二階建ての水族館づくりが始まる。棚と棚に板を渡して二階へ上るための階段はウレタンブロックで段差をつくる。

【教師の意図と環境構成】

「前にみんなで二階建てのお家をつくったとき、ブロックの上に何を乗せたっけ」と問いかけ、「板を使えばよい」と子ども自身が経験を思い出して生かせるようにする。あらかじめ保育者がウレタンブロックを使って小さな階段をつくり近くに置いておき、子どもたちがそれを見つけて水族館の階段に使おうと思えるようにする。少しずつできあがっていくと、クラスにいる生き物に目をやり、「そうだ！一階は本物の生き物を置いて、二階は自分たちでつくった魚を飾ろう」というアイデアが出てきて、自分たちで生き物を動かす。自分たちでつくった居場所がとても居心地よく感じたのか、二階建ての水族館は子どもたちの生活の一部となった。一階にいる生き物の様子を見に行ってグッピーやカメにエサをあげたり、二階では仲のよい友だちとハロウィンの仮装をしながらくつろいだり、友だちと一つの絵本を一緒に読んだりする姿が見られ、子どもたちにとってとても大切な場所となる。

二階建ての水族館をつくる子どもたち

事例9　水族館ごっこから海の生き物づくりへ（5歳児11月）

作品展でどんなテーマにするか話し合ったところ「海の世界」をつくることに決まり、今度は水族館づくりから部屋全体を海にする活動が始まる。白い模造紙に青色や水色、紺色などの絵の具を塗ってそれを壁いっぱいに貼っていくと、部屋全体が青くなり「本物の海みたい！」と子どもたちは喜ぶ。水中眼鏡を自分たちでつくり、それを身につけて手には懐中電灯を持って水中探検ごっこをする。作品展の作品づくりでは、紙粘土を使って海の生き物づくりをすることになる。つくる前に海の生き物に関する絵本や図鑑をたくさん読んだり、図鑑に付いていたDVDを鑑賞したりしたことでさまざまな生き物がいることを知る。DVD鑑賞では保育者が絵本や図鑑では伝えきれなかった海の生き物

> の生態や特徴、大きさなど、映像を通して知る機会となり、子どもたちの興味がより高まる。その後、一人ひとりが気に入った生き物を選び、紙粘土を使って作る。本物に近づけようと大きさや形にこだわり、金魚をつくった子は手のひらサイズにしたり、サメやクジラをつくった子は60〜70㎝ぐらいの大きなものにしたりする。図鑑をよく見てみると、魚にはうろこがあることやダイオウイカには吸盤があること、ジンベイザメには点々とした模様があること、ウミガメの手足にはしわがあることなど、図鑑と自分の作品とを交互に見ながら、新たな発見を楽しんで細部にこだわった作品をつくり上げる。時間をかけてつくった海の生き物に対して愛着が湧き、作品展後も部屋の中を海に見立てながら、自分のつくった海の生き物を手に持って海の中を友だちと一緒に仲良く泳いでみたり、戦ってみたりして遊ぶ。

【教師の意図と環境構成】

　日々の環境を構成していくことは、日々の子どもの遊びの方向性を常に見ていくことである。この事例は、2年間にわたる子どもの思いが継続し、その継続する遊びを通して習熟していく過程の記録である。保育者の意図と環境構成に書かれている保育者の思いと子どもの実現したい思いに沿って、子どもが創出していく過程を瞬時に読み解き、次の展開に必要な素材・用具・道具や場を、即興的に用意し、子どもの意欲につなげていくことが重要である。そして、なによりも、子どもの遊びの欲求の高まりの中で、保育者は、何が育っているのか、何が育つのかを見極め、その遊びの環境を援助していくことが求められる。

　以上の事例では、2年間の遊びの流れの中で、「釣り」「魚」「生き物づくり」「水族館」という遊びが、一つひとつ収縮していく過程を読み取ることができる。当然、この習熟していく過程の中には、他の遊びも展開されていく。日々の遊びの流れの中で、「水族館ごっこ」にたどり着く遊びもあれば、自然消滅していく遊びや他の遊びへと変化するものもある。それは、保育者の意図と子どもの遊びを展開していきたい意図との絡みでもある。保育者は、保育の質を見極め、発達課題に沿った意図をもって環境を構成し、遊びの継続性に期待を寄せながら援助していくことが求められる。

第4節 ● 屋外環境をデザインする
―園庭のもつ意味の重要性―

1 ── 遊びのための屋外環境としての園庭

(1) 園庭の機能

　現代においては、地域の屋外環境で子どもが安心して遊べる場所が減少すると同時に、保育施設の拡充が求められて園庭面積の充分な確保も難しくなっており、園庭のもつ意味を改めて問うことが必要である。

　園庭は、その園に通う子どもたちの遊びや活動のために設けられている場である。そのため、主に以下の3つが重要といえるだろう。

　第一に、子どもが自主的、自発的に環境にかかわることのできる場であるということである。たとえば、砂場や遊具、樹木や草花などがあっても、それらをどのように使えるのかによって子どもの遊びは大きく異なる。具体的には子どもが遊びたいときにすぐその場所へ行けるのか、砂場で使う道具や素材を取りに行きやすいかどうかなどである。また、子どもの関心に応じて、草花や葉を取り、遊びに利用できるのか否か、木登りに挑戦することができるのか否かということも、遊びに影響する。園庭は子どもたちのために設けられており、これらの使い方を柔軟に設定することができる。保育者は、遊具や道具などの配置を考えるとともにあえて制限を設けずすべての子どもが試せるようにするのか、あるいは子どもと話し合って園のルールを決めていくのかなど、子どもの姿に応じて考えていく。その中で、子どもが自分から環境にかかわれる場のあり方を探るのである。

　第二に、予測がつきにくいため遊びや活動に多様性が生まれる場であるということである。扱い方だけではなくその日の天気（気温や湿度）によっても感触が異なる「砂」。色も感触も姿も時期によって変化していく「葉」や「草花」。前の日にやった遊びを繰り返そうとしても、砂のかたさや柔らかさ、見つけた葉や草花が違い、それがきっかけで違うものを

子どもが撮影した好きな遊び場としての土管

つくる遊びに展開することもある。また、動植物を世話すること（これも子どもにとっては「遊び」ととらえられることもある）は、必ずしも思い通りにはならない生命というものを知る機会にもなる。うまく芽が出なかったり、弱ってしまったりすることから、どうしてなのかという疑問が生まれる。また、大切に世話した生物の死に直面して悲しみを味わうこともある。自然環境の変化をある程度知識として知る大人とは異なり、子どもにとっては毎日が新たな発見や経験、探求の連続ともいえるだろう。

　第三に、子どもにとって「いつもの場所」であるということである。毎日過ごす環境で、子どもは、「どこに行けば何の遊びができる」ということを徐々に体で覚えていく。発達に伴って遊び方が変わっても、「いつもここでする遊び」や「以前、ここでした遊び」を持っていることは、子ども一人ひとりの安心につながる。新しい遊びを始めることや、新しいことに挑戦することも大きな育ちの機会であるが、繰り返し同じ遊びをするということも、その遊び方を自分のものにしてさらに深めていくという重要な経験である。道具なども、同じものがいつもの場にあることで、何をするためにどれを使えばよいのかということを子どもなりに心得ていく。このように園庭が「いつもの場所」であることの意義は、遊び方だけではない。自分（たち）の「秘密の場所」を持つことも[6]、大人の目を少し離れてワクワクする気持ちや、秘密を共有する嬉しさなどさまざまな感情体験につながる。このような世界は、公共の場や開けたスペースでは得にくい。保育者が、そこに子どもが集まっていることを知りながらも、あえて踏み込まず子どもの世界を守るとい

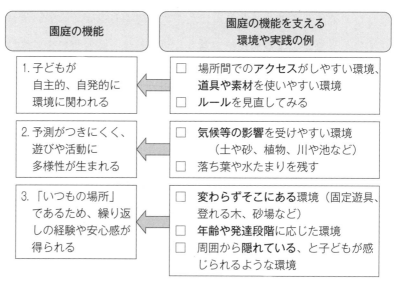

図5－1　園庭の機能とそれを支える環境や実践

うことも、いつもの園庭でこそできる選択である。

これらの機能は、図5-1に示したような環境や実践により支えられている。保育者としては子どもの遊びの姿を見取り、子どもの視点で園庭環境をとらえてみるとともに[7]、そのときの子どもの興味や育ちに応じて環境を変えていくことも重要である。

(2) 園庭には何があるのか

多くの園庭にある環境として思い浮かべられるのは、砂場、樹木、草花、固定遊具(すべり台やブランコ、鉄棒など)、グラウンドのような開けたスペースなどであろう。樹木や草花があることで、栽培活動等だけではなく、季節によっては花びらや落ち葉などを遊びに活用して楽しむことができる。そのほかにも、多くの園庭には、水道、可動式水遊び場（たらいなど）、菜園、静かな場所、などがある[8]。

そのほかにも、土遊び場、築山や斜面、芝生スペースなどを設けている園や飼育動物がいる園、水路や池があって生き物が生息する環境を設けている園や樹木遊び場を設けている園もある。どの環境でどのような遊びをしているのかを知ることで、環境設定の可能性がさらに広がる。

このような環境は、地域の公園や緑地といった公共の場でも見出すことができる。なかでも水路や池、生き物が生息する水場などは、園庭よりも近隣環境のほうが得やすいという場合もあるだろう。実際に、園庭がない、あるいは充分でないと考える園では、散歩で移動して公園で遊ぶなど、地域環境を活用している[9]。その際には、前節で述べたような園庭の機能を念頭に置き、子どもが自分で遊びを選べるような時間と場が保障されているのか、さまざまな遊び方ができるかどうか、また、どのくらいの頻度でそこへ行くことができるのかなどを考えて計画していく必要がある。

(3) 園庭における異年齢の遊び

園庭は、屋内環境以上に、他の子どもの多様な遊びを見ながら遊ぶことのできる場である。そして、年齢別の保育を行っていてもいなくても、園庭は、異年齢の子ども同士がともに生活する場である。年少の子どもは、年長の子どもの遊びを見ることで、その遊びにあこがれ、まねをしてみたくなることも多い。年長の子どもにとっては、自分より幼い子どもが当たり前のようにいる環境で、自然と遊び方に配慮したり、一緒に遊びながら援助したりする経験も生まれる。これらは単に教える・教わるという一方向のかかわりではなく、互いに遊びを見ながら学び合っている状況ともいえるだろう。

第1部　基礎編—保育における領域「環境」の理解—

　一方で、子どもの興味関心や身体能力が、発達段階や経験によって異なることにも留意したい。年長児にとって、自分たちより幼い子どもが常に園庭にいる状況では、思う存分に身体を動かしたり、集団遊びを楽しんだりする機会が減ってしまうことにもなりかねない。ボール遊びや鬼ごっこなどで全力を出さず配慮しながら遊ぶ姿が見られることもある。また、屋外遊びの経験のまだ少ない乳児や新入園の幼児にとっては、時間をかけてじっくりと環境にかかわっていく時間や場も重要である。園庭を熟知して遊びに慣れている子どもたちが常に動き回っているような環境では、そのような時間と場を保障することが難しくなる可能性もある。よって、保育者同士も連携を取り、近隣環境の活用や屋内活動の計画と連動させながら、それぞれの子どもにとって充分な経験ができるよう、工夫していくことが必要である。

　このように、異年齢の子どもが共存する園庭という場においては、互いの遊びを見たりかかわったりする貴重な経験ができる一方で、それぞれの発達時期に必要な経験を保障するために、保育者間の連携と計画の工夫が求められるといえるだろう。

2 ── さまざまな園庭と子どもの経験

(1) 園庭のさまざまな形態

　園庭の形態は、地域環境や園の理念により多様である。園庭によって面積が大きく異なるというだけでなく、具体的に固定遊具のスペースと開けた空間からなる園庭もあれば、ビオトープ※1など動植物が生きる自然空間を中心に据えた園庭、あるいは、これらが共存している園庭もある。

　開けたスペースで、子どもは思い切り体を動かすことができ、4歳頃以降にはルールのある集団遊び（鬼ごっこ、ボール遊びなど）をして楽しむ空間となる。また固定遊具では、風の心地よさや高低差のスリルを味わったり、挑戦を繰り返したりする経験が生まれる。

　固定遊具や開けたスペースと同様に多くの園庭にある砂場は、一人で何かをつくるのに没頭する場にもなれば、仲間とつながり、共通の目的をもつ場にもなる。また、砂のもつ性質から、どのようにすれば崩れるのか、崩れないか、水を流すにはどうしたらよいのかといった試行錯誤の経験も生まれる。さらに、いろいろなものへ見立てることで、ごっこ遊び等が広がる場にもなる。砂場は、このように多様な可能性をもつ場ともいえるだろう。

　さらに、ビオトープなど、身近に動植物の生きる場があることにより、子

※1　ビオトープ
園では、草木や水場などがあり子どもが自然とかかわれる場を指すことが多い。本来はより広く、野生の生き物が暮らしやすい環境を指す。

どもが自然環境や生物への興味関心や共感をもつ機会も生まれる。このような自然空間は、固定遊具や開けたスペースと比較すると、常に変化し続ける場である。子どもは昨日と違う空気感や水の色、今日新たに発見した生き物、時期によって徐々に変化する木々の様子などに身近にかかわることができる。このような環境は、その土地に特有の気候がつくり出す自然環境によっても多様である。遊びに使うことができる自然物だけでなく、採って食べることのできる果実などがあることで、子どもが生命と食とのつながりを身体で感じることもできる。樹木を活用した遊び場（ツリーハウスやロープブランコなど）は、子どもが樹木の性質を感じながら新たな技に挑戦したり、緑や木陰の心地よさを感じながらじっくりと遊んだりする場にもなる。このような自然環境は、予測がつくことばかりではないため、子どもだけでなく保育者など大人も試行錯誤しながら新たな発見をしていくことが多い。

　園庭環境を変えるのは容易なことではないが、園庭の形態によって子どもの経験のあり方が異なることにも留意し、現在必要とされる環境や補いたい環境を考えていくことが重要である。

(2) 環境設定による園庭の違いや変化

　同じような園庭環境でも、配置や活用の仕方により、当然ながら子どもの動きは異なってくる。

　たとえば、樹木が園庭の周囲に並んでいて中心は開けたスペースになっているのか、あるいは園庭のさまざまな地点に樹木があるのか。前者の場合、開けたスペースでの遊びを楽しんだのち、休息を求める子どもが、端の木陰で休みながら他児の遊びを眺める場になる。後者の場合、子どもは木陰に隠れることを楽しんだり、樹木の間を活用して家に見立てたりするなど、遊び方にも多様性が生まれる。

　また、水道と他の遊び場との位置関係によって、子どもの遊び方は異なる。砂場のすぐ近くに水道があるならば、使いたいときにすぐ汲んだり、ホースで流して水を溜めた川や池をつくったりすることができる。一方で、少し離れた位置にあることで、バケツに汲んで運んでくる経験、運ぶ役割とつくる役割の分担や交代、あるいは樋を使って砂場まで流れるように工夫する経験なども生まれる。また、水道から汲んでくるには遠すぎる距

真ん中にプランターを置くことで遊びが変化

離である場合や、他の遊びの動線と交差してしまう場合など、保育者があらかじめたらい等に汲んでおいた水を子どもがバケツ等で汲んで使うという方法もある。水の量を見て子どもがあとどのくらい使えるのか、どのくらい必要なのかを考えるきっかけにもなりうる。このように設定ひとつとっても、少しの違いで遊びの広がり方は異なる。

さらには、水たまりや落ち葉など自然環境の働きによって生じる変化も、いかに子どもの経験へつなげるのかということが鍵になる。水たまりは、川や池をつくる遊び、張った氷を使った遊びなどに発展することもあれば、だんだんと水が少なくなって消えていくことなどから、子どもが水の性質に気づく場にもなる。落ち葉や木の実は園庭での遊びだけでなく、室内での飾りつくりや食べ物等に見立てた遊びなど、多様な可能性をもつ。このような水たまりや落ち葉は、開けたスペースで一斉活動（運動遊びや体操等）を行う際には邪魔になるため、廃棄する、うめるという選択肢もあるだろう。しかしさまざまな可能性に目を向けることで、子どもの経験が広がることも考えたい。

(3) ルールの見直しから生まれる子どもの経験

ここまでにも述べたように、保育者の実践のあり方によって子どもの経験は大きく異なる。環境そのものの充実だけではなく、子どもが自発的に遊べる場になっているのかどうかを考えていく必要がある。特に、危険を未然に防ぐ目的で保育者があらかじめルールを設定する場合、それが子どもの遊びや活動を制約しすぎていないか、振り返ることも重要になる。

たとえば、雨が降っている最中だけでなく、降った後の園庭での遊びにも保育者の配慮が必要であろう。特に固定遊具は、土の地面や草地などよりも滑りやすく危険が伴う。「水が乾いてから園庭に出る」というルールにするのか、保育者があらかじめふくなどして対処しておくのか、遊ぶ前の子どもに気をつけるよう伝えるのか、子どもに問いかけて気づきを引き出すのか、あるいはあえて何も伝えずに待つのか。どの方法が正しいというのではなく、子どもの年齢、発達段階、園での経験、園の規模（園児数）や方針、理念、保育者の経験などによって、これらの判断は異なるだろう。

一方で、雨が降っている最中や降った後は、園庭環境に変化が生まれ、晴天時と異なる経験ができるチャンスでもある。雨降り中に傘を

5歳児が話し合った三輪車のルール

差して園庭に出ると、自分の傘に落ちる水滴、木々の葉に当たる水滴の音が聞こえる。その感覚を仲間同士で共有することもできる。いつもと違う生き物に出会うこともあるだろう。雨降り後に園庭に出ると、空気や地面の感触が変化している。葉の上に乗った大きな水滴を見つけたり、木から水が落ちてくるのを楽しんだりする。湿った土の部分が多くなり、水たまりもできていることで、子どもの遊びも広がる。

このように、子どもの経験を広げる可能性と危険が生じる可能性とは、表裏一体の関係でもある。危険防止以外の事情、たとえば、長年決まっている行事や全員参加の活動などの制約についても、見直していくことによって子どもの経験が広がることがある。

以上では雨降りを例としてあげたが、ほかにも見直しができることとしては、水を使用する量、草花を摘むことの可否、果実を採って食べることの可否、木に登れるかどうかの判断、子どもがつくったものをいつまで残しておくのかという判断などがある。保育者同士で考え、その決定にどのように子どもが参加するのかという点を見直すことで、さまざまな可能性が生まれるだろう。

(4) まとめ

以上のように園庭は、屋内環境や公共の屋外環境とは異なる機能を持ち、子どものさまざまな経験や育ちを保障する場である。園庭の中には多様な環境をつくり出せる可能性があり、その種類や全体の配置は、園によっても大きく異なる。時期に応じていかに環境を設定するのか、そして同じ設定でもルールづくりなどの実践をどのように行うのか、といった工夫により、子どもにとってよりよい園庭環境にしていくことができる。そのためには、園庭内のさまざまな場所における子どもの遊びを見ると同時に、保育者間での情報共有や連携も重要な鍵になるであろう。

第5節 ● 生活に必要な文字や数、量などにふれる

1 ── 数

子どもを取り巻く身近な環境には、常に「数」が存在する。数への概念は、幼児期の発達過程において、ほぼ1歳になると、指1本を使って物を指し示

す姿が見られる。やがて、親や周囲の大人による「いくつ？」の質問に、1本の指を指し示し、概念を形成し始めていく。しかし、この時期は、数を理解しているわけではない。加齢と共に、身近に数とふれあう中で、「1．2．3．」という数との対応や「数」を表す言葉であることに気づ

アンズを並べて

きはじめていく。そして、3歳になる頃にはかなりの数がわかり、数の概念としては、はっきりと言えることではないが、保育の中では、おおよそ8から10までは概念化していると考えられる。では、園では数について、どのような経験が予想されるのかを考えてみたい。

はじめに、「出席カード」などがあげられる。出席カードは、毎日の子どもの出席にあわせてシールを貼り、日付の概念を最も身近に感じ取る経験の一つである。また、時計からも数や時間を表す単位となっていることに気づくことができる。そのほか、自然物を数えたり、年齢が増してくると数を対応させたりと、数の意味や使い方を知ることで、「すごろく」「トランプ」「積み木」「おもちゃ」の数などを数えたり、時には「あわせていくつか」とか「いくつ残るか」などを、遊びの中で体得していくこととなる。

これらの経験は、子どもにおいては、自らの主体的遊びの中で、必要感に応じてふれていくことが期待されており、教科書のような形で教え込むことのないよう注意したい。

2 ── 量

多い・少ない、高い・低い、重い・軽い、長い・短い、広い・狭い、深い・浅いなどの感覚は、生活や遊びにおける物とのかかわりの中で感じる身体の感覚や、他の物と比較してみるといったことを通して育っていく。

 事例10　白砂を運ぼう（4歳児）
砂場で3人の子どもが大きな山をつくろうと地面に砂を乗せている。山が20cmくらいになってくると、アユムが「しろすなかけないとかたまらない」と言い、シャベルを持って白砂（乾いた砂）がたくさんある砂場の道具棚の後ろに向かった。アユムがシャベルで砂を運んで来て山にかけると、リョウタとユウキも道具棚の後ろから白砂を運び始めた。何度か運んでいるうちに、アユム

が「もっとたくさんはこばないと」と言い、道具棚からバケツを取り出してシャベルで白砂を入れ、バケツで白砂を運び始めた。するとリョウタとユウキもバケツで砂を運び始める。しかし、バケツにたっぷり入れた砂は重かったのか、すぐにバケツで運ぶのをやめて道具棚の中を探し、砂をすくうための箕(み)を使い始めた。

　子どもたちは、一度に砂の量をできるだけ多く運びたいと考え、より多くの砂を運べるバケツに変えたものの、たくさんの砂が運べるということは重くなるということでもある。子どもたちは、バケツは一度にたくさんの砂を運べるということは、砂が重くなるということに気づいている。また、シャベルで砂をバケツに入れると時間がかかるということにも気がついている。道具によって一度に運ぶことができる量が異なるということに加えて、入る砂の量により重くなったり軽くなったりすることを、子どもたちは実際に砂を道具で運ぶことによって、目で見ることと身体に感じる重さの感覚によって、重さと量のバランスをとらえていると考えられる。

　子どもたちは日々のさまざまな生活や遊びの中で、量にかかわるさまざまな感覚を、自分の身体を通して感じたり、他の物と比べてみたりすることにとって感じている。保育者は、子どもたちが生活や遊びの中でこのような体験を積み重ねることができるよう、さまざまな道具をはじめとした比較できる環境を、子どもの興味・関心や発達に応じて準備していくことが大切である。

3 ── 図　形

　子どもたちは生活の中で、さまざまな形に出会う。ボールのような円（球）、積み木は四角（直方体や立方体）や三角（三角柱）などの形もあれば、虫や動物の形や雲の形などもある。製作活動や、道具の片づけなどを通して、さまざまな形に出会っている。

事例11　ここに入れればいいんだ！（3歳児）
　廊下に箱積み木を並べて歩き、冒険ごっこを楽しんでいた子どもたち。片づける時間になり、保育者が積み木を入れるための箱を持ってきて、箱に入れ始めると保育者のところに積み木を運んでいく。保育者は形を確認しながら箱に入れ、積み木の形によっては向きを変えるなどしている。箱の中に積み木が収まってきて、子どもでも入れられるくらいの高さになると、子どもたちは自分で積み木を箱に入れようとし始めた。最初は入れようとしている積み木と、空

> いている空間が合わなくても入れようとしていたが、合わないことに気づくと
> 違う積み木を持ってきて試してみたり、保育者がしていたように向きを変えて
> みたりしているうちに箱に入れることができ、嬉しそうに保育者に「できた
> よ！」と伝える。

　最初は無理に入れようとしていたが、入らないことに気づくと、積み木が合わないと考えて箱の中にできている空間に合う積み木を探してきたり、形に合うように回転させるなどしている。最初から空間に合う形を見つけてくることは難しくても、試すうちに入れることができている。このように、実際にさまざまな形と出会い、その形を動かしたり形同士を組みわせたりする経験が、形や空間を認識することや、それを踏まえて遊びに必要なものをつくり出していくことにつながっていく。

4 ── 文　字

　子どもが生活する環境には、言葉や文字が常に聴覚や視覚を通して、子どもの目や心に届く。園生活において子どもの生活の言葉を育てていくためには、子どもの主体的活動を通して、文字や言葉にふれる機会を大切にする必要がある。だからといって保育者が意図的に教えたり、覚えさせたりするものではなく、毎日の生活や遊びの中で、仲間や友だち同士のコミュニケーションを介しながら、必要に応じて言葉に関心をもったり、文字に興味をもったりするものである。つまり、伝え響き合う関係の中で、その時々の必要感から言葉を模倣したり文字に気づいたりしながら、子どもは言葉を獲得していくのである。子どもが文字を獲得する環境は、子ども自身が話し言葉の機能と異なる機能の一つとして文字という書き言葉の特性に気づき、関心をもつところからはじまる。たとえば、入園して集団生活に入ると、「所有の意識」をもって自分の名前の印のついたロッカーや机と椅子の場所が特定できることを知り、自分の物や居場所であることを認識できる印（象形）として、文字にふれる機会をもつ。

　園で文字を使う機会は、多くの人や特定の個人になにかを伝える手段に用いられることが多い。たとえば、植栽の名札やごっこ遊びの看板やメニュー、また行事や誕生日会などのポスターを書いたり、自分たちが遊んだ場所を「とっておいてください」と書くことなどによって、文字が自己を多くの人に知らしめる手段となることに気づいていく。さらに、手紙を書く、返信をもらう行為などを通して文字にふれる中で、その機能を理解していく。言語は、聞くと話す、書くと読むが一つの関係性をもつものであり、それぞれの

機能を知る中で、子どもたちの言語感覚が高められていくのである。5歳児中期には、自ら絵本を読んで理解し、時には絵本づくりを楽しむ中でストーリーを書き記したりしながら文字の機能を理解する。また、誕生会などでは、自分たちで台本を書き留め読み上げたりと、文字が生活の一部として機能し、子どもの知的発達を支えていくものとなる。

●「第5章」学びの確認
①環境を構成するうえで大切なことを考えてみよう。
②園庭において子どもの興味関心や遊びを広げるための工夫をあげてみよう。
③遊びの中でなにげなく子どもが数や量にふれている場面をあげてみよう。
●発展的な学びへ
①実習などで訪れた園にはどのような物的環境があったかを考えてみよう。
②園庭でなければ得られない経験について話し合ってみよう。
③文字を書く機能を遊びの中に取り入れていくためにはどのような留意が必要かを考えてみよう。

引用・参考文献

1）高山静子『学びを支える保育環境づくり』2017年
2）柴崎正行・田中泰行編『保育内容 環境』ミネルヴァ書房 2001年
3）小田豊ほか編『保育内容 環境』北大路書房 2009年
4）秋田喜代美・小田豊・芦田宏・鈴木正敏・門田理世・野口隆子・箕輪潤子・淀川裕美『財団法人こども未来財団「保育プロセスの質」研究プロジェクト 子どもの経験から振り返る保育プロセス明日のより良い保育のために実践事例集』2011年
5）高山静子『環境構成の理論と実際』エイデル研究所 2014年 pp.54-55
6）Moore, D. 'The teacher doesn't know what it is, but she knows where we are':young children's secret places in early childhood outdoor environments. International Journal of Play4 2015 pp.20-31.
7）宮本雄太・秋田喜代美・辻谷真知子・宮田まり子「幼児の遊び場の認識：幼児による写真投影法を用いて」『乳幼児教育学研究』25 2016年 pp.9-22
8）発達保育実践政策学センター公開シンポジウム「人生のはじまりを豊かに—乳幼児の発達・保育研究のイノベーション—」報告資料「保育・幼児教育施設の園庭に関する調査—子どもの育ちを支える豊かな園庭とは—」
（http://www.cedep.p.u-tokyo.ac.jp/project_report_symposiumseminar/sympo_170806/）
9）秋田喜代美・辻谷真知子・石田佳織・宮田まり子・宮本雄大「園庭環境の調査検討—園庭研究の動向と園庭環境の多様性の検討—」『東京大学大学院教育学研究科紀要』2018年
10）石井雅「保育所における子どもの挑戦的意欲を育てる保育環境」秋田喜代美ほか『子どもの挑戦的意欲を育てる保育環境・保育材のあり方』日本教育文化研究財団 2016年 p.115、p.119

●写真提供（本章4節）…認定こども園ゆうゆうのもり幼保園、明徳土気保育園、認定こども園七松幼稚園

第 6 章 生き物や植物、自然の事象に関心をもつ―自然環境―

◆キーポイント◆

　子どもは生き物や植物、自然の事象にふれるような機会があると、それらに興味や関心を抱く。「何だろう？　おもしろそう！　不思議！」など好奇心がくすぐられ、じっと見てみたり、触ってみたり、顔を近づけてにおってみたりしながら、能動的にかかわっていく。心が動き始めた子どもは、知的好奇心や探究心を発揮しながら、それらにかかわっていくことによって、さまざまな気づきが生まれてくる。大人からするとささやかで素朴な気づきかもしれないが、能動的に環境にかかわる中で広がりや深まりが生まれてくる。子ども自身の実感や感覚・感性を伴った気づきが基盤となって、「自然への愛情や畏敬の念」「生命の不思議さや尊さ」が育っていくのである。
　本章では、「幼児と環境」「保育内容『環境』の指導法」について、「自然環境」の視点から掘り下げていく。

第1節 ● 自然の事象への関心

　自然や自然事象という言葉からどのようなことやものをイメージするだろうか。私たちの生活を見回してみると、草花や木々の成長などを通して自然を感じるだけではなく、風や光、季節の変化などさまざまな自然の事象が見られる。子どももそのような身近な自然やそれらの事象にふれて、感じて、気づくことからそれらに対して興味や関心が生まれるのである。

1 ── 四季の変化にふれて生活する

　私たちの身のまわりの自然は絶えず変化し続け、四季もめぐっている。あなたが四季の変化を感じたり、自然の変化に気づくのはどんなときだろうか。
　暖かくなった、寒くなったなどの気温の変化はわかりやすい。季節や自然の変化はそのような気温の変化だけではなく、植物や虫などからも感じることができる。たとえば、春に道端でタンポポの黄色い花を咲いていたかと思うと、いつの間にか綿毛になっているのに気づくことがある。桜の花が咲いてきれいだなと感じていたかと思うと、数週間のうちにいつの間にか葉っぱ

になっていて、春の暖かさを感じることがある。園などでは飼育しているアオムシが、チョウチョになっていくことから季節の変化を感じたりする。夏になり気温も高くなると、あちこちでセミの鳴き声が聞こえてくる。そしてセミの声が聞こえなくなる秋になると、草花や木々の葉っ

写真6-1　桜の花びらを集める2歳児

ぱもいつの間にか緑色の葉の中に、黄色や赤色が混じってくる。そのように季節や自然は数週間の間に変化していくものである。

　子どもは、その変化をなにげなく感じたり気づいたりすることもあるが、保育者がそこに意識を向けるかかわりをすることによって、興味や関心が生まれたり、好奇心がくすぐられていく。そのため、日々の保育の中で、保育者自身が、園庭や地域の自然、身近な動植物、自然の事象にふれて、感じたり、見つけたり、気にかけたりすることから始めるとよい。

　また、領域「環境」（1歳以上3歳未満児）の内容の最初に「安全で活動しやすい環境での探索活動等を通して、見る、聞く、触れる、嗅ぐ、味わうなどの感覚の働きを豊かにする」ということが示されている。これは身近な環境に能動的・主体的にかかわりながら「五感で感じる」体験の大切さとともに、その積み重ねが「五感を育む」ことにつながることを指している。3歳以上児にとっても、まずはこのことを意識することが出発点となる。

2 ── 季節の変化と年中行事

　春や夏の始まりはいつからだろうか。一般的に暦（こよみ）や生活の上では、「春（3・4・5月）／夏（6・7・8月）／秋（9・10・11月）／冬（12・1・2月）」の四季に分けられ、それに合わせて衣替えなどを行ったりする。また、天文学的に太陽の年周運動をもとにした「春分／夏至／秋分／冬至」なども季節の変化を知る目安になる。昼と夜の長さが同じになるのが「春分」と「秋分」で、昼間の長さ（太陽の出ている時間）が一番長いのが「夏至」、その逆が「冬至」である。太陽が真南に来た時の高さも一年を通じて変化し、冬至の日は太陽の南中高度は最も低くなっており、寒さが本格化していく。そのため、冬至の日には「ゆず風呂」という文化や慣習もある。

　さらには、「夏も近づく八十八夜」の茶摘みの歌は、「立春」（節分の翌日）から数えて八十八日というように、「立春／立夏／立秋／立冬」という季節

の区分（二十四節気）もある。これはもともと農作業にかかわる事柄をもとにして、一年を二十四に区分したもので、季節を細かく見ればおよそ二週間で変化していくことをとらえたものである。

このように、私たちの生活は季節の変化にさまざまに影響を受けている。そのため、領域「環境」（3歳以上児）の内容には、次のような経験を積み重ねていくことが示されている。

> （イ）内容
> ③ 季節により自然や人間の生活に変化のあることに気付く。
> ⑥ 日常生活の中で、我が国や地域社会における様々な文化や伝統に親しむ。

たとえば、季節の自然事象や行事などには、表6-1のようなものがある。

表6-1 季節の自然事象や行事

季節	自然事象、行事
春	雪解け、春一番、植物の芽吹き、桜前線／ひな祭り、入園式・進級式／春の彼岸、潮干狩り、母の日
夏	梅雨、田植え、虹、入道雲、夕立、夕焼け／プール、七夕、夕涼み会／父の日、土用、お盆
秋	台風、夕焼け、紅葉、木の実／十五夜、お月見、秋の彼岸／芋ほり、運動会
冬	落ち葉、氷、雪、霜、霜柱、木枯らし／干し柿、餅つき、正月遊び、クリスマス会、豆まき／七五三、節分

身のまわりの自然や私たちの生活も季節によって変化している。そのことになにげない瞬間に気づくこともあるが、保育内容としては子ども自身が気づいていけるように保育環境の構成や遊びや活動の内容を意図的に考えていく必要がある。また、地域社会におけるさまざまな文化や伝統も、四季折々の季節の中で行われるので、保育者は自分の地域の伝統文化や行事などにも関心をもっておく必要がある。

第2節 ● 自然や身近な動植物とかかわる保育と領域「環境」

1 ── 領域「環境」の内容から

改めて領域「環境」の内容から、「自然」「生き物」「動植物」にかかわるものを確認しておく。

第6章●生き物や植物、自然の事象に関心をもつ—自然環境—

> 1歳以上3歳未満児
> ⑤　身近な生き物に気付き、親しみをもつ。
> 3歳以上児
> ①　自然に触れて生活し、その大きさ、美しさ、不思議さなどに気付く。
> ④　自然などの身近な事象に関心をもち、取り入れて遊ぶ。
> ⑤　身近な動植物に親しみをもって接し、生命の尊さに気付き、いたわったり、大切にしたりする。

　子どもにとっては、身近な生き物・動植物や身近な自然や自然事象とは、どのようなものだろうか。家庭で飼われることの多い犬や猫、ハムスター、金魚など身近と感じるだろうが、絵本やテレビ、DVDなどの映像で見たことがある生き物なども身近に感じるだろう。また、家庭と園の間で見かける草花や木々なども身近に感じるだろうが、絵本や図鑑で見たものが身近に感じることもある。

　そのため園では、間接体験として見たことがある動植物や、見たことがある（見かけたことがある）けれどふれたことがない動植物に直接ふれたり、命を感じられるようにしていく必要があり、そのための環境構成を工夫する必要がある。

　また、山や海、川などの自然、野原などの大きな意味での自然もあれば、子どもにとっては道端で拾った石ころや園庭に咲いている雑草も立派な自然である。さらに、雨や風、雲、光や日差しなどは自然の事象として日々感じることができる自然といえる。このように身のまわりにはいろいろな自然や自然の事象、生き物や動植物が存在しているが、各園ではそれらを意図的に取り入れて保育を行っていくことが求められている。

写真6-2　春に撒いた種からどんな花が咲くのかを保育室に掲示

写真6-3　ネットについた雨粒を集める（4歳児）

第1部　基礎編―保育における領域「環境」の理解―

2 ── 自然や身近な動植物とかかわる保育のための保育者の役割

　前述のような体験を乳幼児期に積み重ねていけるように、保育者は子どもの発達に応じて生き物・動植物にかかわったり、自然にふれることができるような保育の内容を考えていく必要がある。生き物や動植物は飼育したりするだけではなく、直接ふれたり、かかわったりする中で、親しみをもったり、生命の尊さに気づいたり、いたわりの気持ちが芽生えてくるように保育の展開や援助を考えていかなければならない。

　その際、保育者として大切にしたいことは、「身近な生き物との関わりについては、子どもが命を感じ、生命の尊さに気付く経験へとつながるものであることから、そうした気付きを促すような関わりとなるようにすること」（1歳以上3歳未満児）ということであり、「身近な事象や動植物に対する感動を伝え合い、共感し合うことなどを通して自分から関わろうとする意欲を育てるとともに、様々な関わり方を通してそれらに対する親しみや畏敬の念、生命を大切にする気持ち、公共心、探究心などが養われるようにすること」（3歳以上児）であると「内容の取扱い」に示されている。

　さらに、自然については、大きさ、美しさ、不思議さなどに気づいたり、自然の事象などにも関心をもって、取り入れて遊ぶような経験をしていける保育の展開を考える必要がある。その「内容の取扱い」には「幼児期において自然のもつ意味は大きく、自然の大きさ、美しさ、不思議さなどに直接触れる体験を通して、子どもの心が安らぎ、豊かな感情、好奇心、思考力、表現力の基礎が培われることを踏まえ、子どもが自然との関わりを深めることができるよう工夫すること」と示されている。

写真6-4　「みみず」を見つけて感じたり気づいたことの掲示（3歳児クラス）

3 ── 幼児期の終わりまでに育ってほしい姿―「自然との関わり・生命尊重」―

　幼稚園教育要領、保育所保育指針、認定こども園教育・保育要領の第1章（総則）に「幼児期の終わりまでに育って欲しい姿」が10項目示されているが、その1つに「自然との関わり・生命尊重」がある。

第6章●生き物や植物、自然の事象に関心をもつ―自然環境―

> **自然との関わり・生命尊重**
> 　自然に触れて感動する体験を通して、自然の変化などを感じ取り、好奇心や探究心をもって考え言葉などで表現しながら、身近な事象への関心が高まるとともに、自然への愛情や畏敬の念をもつようになる。また、身近な動植物に心を動かされる中で、生命の不思議さや尊さに気付き、身近な動植物への接し方を考え、命あるものとしていたわり、大切にする気持ちをもって関わるようになる。

　乳幼児期の園生活の中で子どもたちは育っていくが、とくに年長児後半になると「自然の変化などを感じ取る姿」「好奇心や探究心をもって考え言葉などで表現しながら、身近な事象への関心が高まっている姿」「自然への愛情や畏敬の念をもっている姿」「生命の不思議さや尊さに気付いている姿」「身近な動植物への接し方を考え、命あるものとしていたわり、大切にする気持ちをもって関わっている姿」などが、自然や動植物などとのかかわりの場面で見られるようになる。

　乳児期からの保育や体験の積み重ねを通して、このような姿が育ってくることが小学校への生活や学びの土台になっていく。そのためには、領域「環境」のねらいや内容を踏まえて保育を進めるとともに、「自然の変化などを感じ取る機会」「生命の不思議さや尊さに気付く機会」などを保育者として保障していく必要がある。たとえば、写真6－5のように、「天気や四季折々の雲」にも着目できるような掲示物や体験があると、「好奇心や探究心をもって考え言葉などで表現する」ということにもつながってくる。

　このように「自然との関わり・生命尊重」に書かれている姿が育ってくるためには、それまでにそのような機会や体験を保障する保育内容や保育環境、保育者の言葉がけや援助などを積み重ねていく必要がある。

写真6－5　「天気や四季折々の雲」に気づく掲示物（5歳児クラス）

4 ── 具体的な活動や保育環境の工夫

(1) 動植物に親しみをもつ、生命の尊さに気づく

　写真6－6は、ニンジンのへたの部分をトレーに載せて水栽培している保育環境である。「やさいぱわー」と名づけたことで、「野菜のヘタ（＝植物）」にも命（生命力）があると子どもが気づけるようにしている。

第1部　基礎編―保育における領域「環境」の理解―

写真6-7はカブトムシの幼虫を飼育する際、土の中でどんな様子なのかを写真に撮り、飼育ケースのそばに掲示している。

写真6-8ではアリやダンゴムシの飼育ケースのそばに、図鑑の一部のカラーコピーを掲示している。また「こんなふうにす　を　つくるかな？」と言葉を添えることで、子どもたちはどうなっていくのかの期待感を持ちながら観察していく。

写真6-6　「やさいぱわー」

写真6-7　カブトムシの幼虫の飼育

写真6-8　アリやダンゴムシの飼育

(2)　**自然を感じる、見つける、気づく**

写真6-9は、公園で見つけた紅葉した落ち葉を並べてみている写真である。赤いものから黄色いものへのグラデーションを意識して並べてみると、葉っぱの色合いの美しさを感じることもできる。

写真6-10、写真6-11は園庭や公園に「葉っぱや木の実などを探しにいく」ための保育環境である。コピー用紙に葉っぱの形を印刷したものや、画用紙に実際の秋の自然物の写真を貼りつけ首からぶら下げられるようなカードにしたりするものを用意することによって、自然を意識的に見たり感じたりすることができるようになっている。

写真6-9　紅葉した落ち葉を並べる

第6章 生き物や植物、自然の事象に関心をもつ―自然環境―

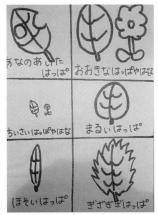

写真6-11　秋の自然物探し

写真6-10　いろいろな葉っぱをみつけよう

第3節 ● 生き物や植物とのかかわりの基礎知識

1 ── 身近な小動物や昆虫とのかかわり

　アリや金魚などは一年中見られるが、生き物の中にはある季節にしか見ることのできないものもある。表6-2にその時期に園や公園で出会ったりする生き物を示す。

表6-2　季節の生き物

季節	生き物
春	モンシロチョウ、アゲハチョウ、ツマグロヒョウモンチョウ、テントウムシ、ケムシ、カエル、ツバメ
夏	カタツムリ、ザリガニ、セミ、カブトムシ、クワガタ
秋	コオロギ、バッタ、スズムシ、キリギリス、クモ、ミノムシ、モズ
冬	虫たちの冬越し、カモ、ムクドリ

　生き物を飼育する際、写真6-8や写真6-12のように、その生き物に関する絵本や図鑑の活用をすることで、「どうなっているのかな？」「これからどうなっていくのかな？」という思いをもちながら飼育していくことができる。

写真6-12　ダンゴムシの飼育ケースと絵本

第1部　基礎編—保育における領域「環境」の理解—

とくに、チョウ（アオムシ）やカブトムシ、カエル（オタマジャクシ）などは数週間の間に、どんどん変化しながら成長していくので、子どもにとって興味が持続しやすく、変化に気づいたり、違いを感じたりしていくので生命の不思議さ・尊さを感じる心を育むことにもつながる。このようなことを踏まえると、金魚やカメ、ウサギ・ハムスターなどの生き物や動物を単に飼育ケースに入れて飼育するだけではなく、それらに直接ふれたり、命を感じられるような環境構成や保育者としての援助を工夫して考えていかなければならない。

2 ── 身近な植物と草花や野菜の栽培

(1) 季節と植物

その季節に園や公園、散歩道でよく見られる植物や園で栽培されることの多い植物・野菜を表6－3示す。

表6－3　園で栽培される植物・野菜

季節	植物
春	タンポポ、ツクシ、チューリップ、サクラ、竹の子、カラスノエンドウ、ハルジオン、カタバミ、シロツメクサ、オオバコ、アヤメ
夏	ツツジ・サツキ、アジサイ、ヘクソカズラ、ヤマゴボウ、ホウセンカ、ヒメジョオン、ミニトマト、キュウリ、トウモロコシ
秋	エノコログサ、ヒガンバナ、キンモクセイ、ドングリ、カキ・ブドウ、秋の七草、カエデ、イチョウ、クリ・シイの実、サツマイモ
冬	ツバキ、サザンカ、マツボックリ、冬芽、春の七草

これらの多くは、科学絵本・知識絵本などにも取り上げられていることが多い。たとえば、平山和子作・絵『たんぽぽ』（福音館書店）などでは、タンポポがどのように種から芽が出て生長し、綿毛を飛ばすのかなどが、幼児向けにわかりやすく描かれている。そんな絵本を季節に応じて保育室に置いておいたり、読み聞かせなどをすると、子どもたちの興味や視野が広がる。

また、ドングリなどは、秋の自然物として製作やドングリころがしなどの素材として使われることも多いが、本来はクヌギやシラカ

写真6－13　ドングリを植えてみたよ

シなどの木の実（＝種子）である。そのため、命ある植物として子どもたちが感じるためには、写真6－13のように実際にアサガオの種のように土にうめてみるなどの体験をするとよい。

(2) 草花や野菜を育てる

クラスの子どもたちと、ヒマワリを育てたいとしたら、いつごろの時期に種をまくとよいのだろうか。植物には、種をまいたり、苗を移植するのに適した時期がある。表6－4から表6－6に、園で育てられることの多い草花や野菜の種まきや花や実をつける時期等を整理した。

表6－4　春に種をまく一年生草花／春に球根から育てる草花

一年生草花	種まきの時期	苗を移植する時期	花の咲く時期
アサガオ	5月	6月	7～8月
ヒマワリ	4～5月	5～6月	7～9月
ホウセンカ	4～5月	5～6月	7～9月
マリーゴールド	4～5月	5～6月	7～10月
オジギソウ	4～5月	5～6月	8～9月
コスモス	6～7月	（移植しない方がよい）	10～11月
球根から育てる草花	球根の植え付けの時期		花の咲く時期
グラジオラス	4～5月		6～10月
ダリア	4～8月		7～10月

表6－5　秋に種をまく一年生草花／秋に球根から育てる草花

一年生草花	種まきの時期	苗を移植する時期	花の咲く時期
パンジー	8～9月	11～3月	3～5月
スイートピー	10月	（移植しない方がよい）	5～6月
デージー	9～10月	10～11月	3～5月
菜の花	9～10月	（移植しない方がよい）	2～5月
球根から育てる草花	球根の植え付けの時期		花の咲く時期
クロッカス	9～10月		2～3月
チューリップ	10～11月		4～5月
ヒヤシンス	10～11月		4～5月

表6－6　園で育てやすい野菜

野菜	種類	種・苗を植える時期	収穫時期
ジャガイモ	ナス科	2～3月／種イモを植える	6～7月
サツマイモ	ヒルガオ科	2～3月／苗を植える	10～11月
トウモロコシ	イネ科	4～5月／種・苗を植える	7～8月
イネ	イネ科	5月／苗を植える	8～10月
ナス	ナス科	5～6月／苗を植える	7～10月
トマト	ナス科	4～5月／種・苗を植える	7～8月
キュウリ	ウリ科	4～5月／種・苗を植える	6～8月
ニンジン	セリ科	春撒き4月、夏撒き8～9月／種を植える	6～7月、11～12月

ダイコン	アブラナ科	春撒き4~6月、夏撒き8~9月／種を植える	6~7月、11~12月
キャベツ	アブラナ科	春キャベツ4~5月、秋冬キャベツ8月／種を植える	4~5月、11~12月
イチゴ	バラ科	10月下旬／苗を植える	5~6月

　種をまいて育てる草花は、園の花壇やプランター、植木鉢などを使って育てていくが、野菜などは園の一角に畑をつくることが多い。また、育てている過程を写真に撮り、子どもたちが主体的に、その生長・変化の様子に気づいていけるような掲示物などがあるとよい。また、草花などの植物環境があると、チョウやバッタ、カエルなどの生き物も集まってくる。モンシロチョウやアゲハチョウが園で見られるためには、アブラナ科の植物やミカンやキンカンなどのかんきつ類の植物を植えておくと、そこで幼虫が成長していく。

　このように身近な植物にふれたり、草花や野菜を育てる際には、「栽培の知識を得る」「季節の把握する」だけでなく、「それらを育てることを通して、子どもたちにどのような体験や気づきをして欲しいのか」「それらを育てることがイベント的にならずに、日常的に意識していけるような保育環境の工夫」といった保育のねらいや環境づくりも考えていく必要がある。その際、領域「環境」や「幼児期の終わりまでに育ってほしい姿」を意識するとよい。

写真6-14　ペットボトルでニンジンを育てる

写真6-15　アサガオが育つ過程を掲示

写真6-16　園庭のミニ畑で複数の野菜を育てる

写真6-17　園庭に田んぼを作って米を育てる

第4節 ● 自然環境と持続可能な社会

1 ── 子どもと持続可能な社会

(1) 持続可能な社会のための教育

　持続可能な社会のための教育は、ESD（Education for Sustainable Development）やEfS（Education for Sustainability）と言われ、世界中でその必要性が唱えられている。持続可能な社会とは、平たく言えば私たちがこの地球上で末長く豊かに暮らしていける社会である。「私たち」には、現在生きている者だけでなく、先々の子孫も含まれる。文部科学省はESDについて、「今、世界で見られる環境、貧困、人権、平和、開発といった様々な問題」に対して「自らの問題として捉え、身近なところから取り組む（think globally, act locally）ことにより、それらの課題の解決につながる新たな価値観や行動を生み出すこと、そしてそれによって持続可能な社会を創造していくことを目指す学習や活動」としている[1]。

　なかでも幼児期における教育は、ECEfS（Early Childhood Education for Sustainability）と呼ばれているが、なぜ幼児期から持続可能性に取り組む必要があるのだろうか。幼児期の環境教育研究者である井上は、「近年の発達研究では、ジェンダーやエスニシティ[※1]、アイデンティティ（自己同一性）、偏見、のちに社会的正義感へと発展していく共感性の基盤も幼児期に形成されると考えられており」[2]とし、幼児期からESDを行う必要性を述べている。幼児期は価値観を育んでいく非常に重要な時期であるからこそ、持続可能な考え方や行動を身につけていくことが求められるのである。

※1　エスニシティ
言語や社会的価値観、信仰、慣習などの文化的特性を共有する集団におけるアイデンティティないし所属意識のこと。

(2) 自然は持続可能な社会の土台

　持続可能な社会において土台となるのは、自然や地球環境への配慮である。このことは、今着ている服、今朝食べた物、今いる建物について考えてみればわかるだろう。私たちの生活を支えているすべてのものは自然を由来としている。石油製品であっても、もともとは太古の生物の死骸であり、コンクリートや鉄は地球の鉱物からできている。芸術や文化も自然とのかかわりの中で生まれたものが多い。さらに、一つの自然物が生きるうえでさまざまな自然にかかわっている。たとえば、お米を見ても、水と土が必要であり、お

米が実るためには花粉を運ぶ風が必要である。稲を食べる虫がいれば、その虫を食べる動物もいる。このように私たちの暮らしは、さまざまな自然のつながりの上に成り立っているのである。ESDでは、こうした自然のつながりや、自然と自分の暮らしとのつながりについて、自然とかかわりながら学んでいくことが重要である。井上は「有限な自然資源、それ自体が自然である人間、人間の営みに過ぎない経済や社会は自然の存在を前提としてしか存在しえないという環境観に基づかなければ持続可能な社会は成立しない」[2]としている。

(3) 子どもと自然

自然や地球環境に配慮する「環境教育」は、小中学校を中心に以前から行われてきたが、2014（平成26）年に『環境教育指導資料幼稚園・小学校編』が出版されてからは、幼児期から環境教育に取り組むことが示されている[3]。また、研究からも、幼児が自然とふれ合ったり、自然についての本やテレビ番組を見たり、家族や友だちと自然について話すことで、たくさんの生き物が周りの環境に存在することを好ましく感じ、自然を守ろうとする気持ちが強くなることが明らかになっている[4]。

自然や地球環境に配慮した考え方や行動を身につけていくうえで、遊びや生活の中で自然とかかわりやすい幼児期は非常に重要な時期である。自然にふれて遊ぶ中で、子どもは、生き物への共感や愛情を感じたり、観察し、自然のつながりを体験していくだろう。また、幼児施設では生活そのものを扱うため、子どもが自然と自分の暮らしとのつながりを体験しやすい。

ここで重要なのが、子どもが自然に「日常的に」かかわっていけること、そして「自分の場所」として「責任」をもってかかわっていけることである。

2 ── 自然環境と園庭

(1) 持続可能性の観点も入れて、園庭や地域の自然を楽しもう

持続可能な社会のための教育を考えた時、自然の楽しみを知ること、自然への共感や愛情を感じること、自分の暮らしと自然とをつなぐこと、自然のつながり・循環性・有限性を知ることが重要となる。園庭や地域の自然とかかわる際には、以下の4つを考慮し、4つを連動させて計画するとよい。

① 体中で自然を感じ遊ぶ：次の(2)にあげる多様な自然環境のもと、五感や身体で楽しむ。自然の多様さを感じられるような活動を取り入れる。

② '私'の暮らしと自然をつなぐ：自然と食をつなぐ、雨水をためて利用する、園庭や地域の自然で室内を飾るなど、子どもが自分の暮らしと自然とのつながりを体験できる機会を持つ。

③ 自然への共感や愛情を育てる：目の前の生き物が、'私'と同じように生きていることを子どもと話し合う。園庭や地域で虫を見つけた場合は、飼育ありきではなく、その場でよく観察しながら、一生懸命生きていることや、そこに家族や仲間、食べ物や家があることを話し合う。いったん捕まえた場合でも、子どもと話し合い、できるだけ元にいた場所に帰す。また、自然にふれて感じた驚きや感動「きれいだね。不思議だね」を、子どもと伝え合い共有する。

④ 自然のつながり（エコロジー）を知る：生き物を見つけたら、「どんな場所で暮らしているのかな。何を食べているのかな」とその隣にある自然にも目を向ける。こうして隣の自然に目を向けると、その生き物の役割や自然の循環性が見えてくるだろ

自然と向き合う子どもと保育者

う。また、水の利用時など、自然資源が有限であることも話し合う。

(2) 持続可能性を考慮した園庭環境

子どもが日々かかわることのできる自然を考えたとき、園庭や施設周辺の自然が重要となってくる。特に園庭は、子ども自身が手を加えて遊ぶことができ、自分の場所として責任を持って環境にかかわることができるため、持続可能な考え方や行動を学んでいくうえでは、非常に重要な場所である。では、園庭や施設周辺の自然とどのようにかかわり、どのような環境をつくっていけばよいのだろうか。

環境としては、土や砂、水、植物、動物、太陽や風など、多様な自然を取り入れていくことである。そして眺めるだけでなく、子どもが直接手でふれて楽しめることが重要である。

① 土や砂：粒径の異なる砂場を複数設けたり、掘ったり水と合わせて遊べる土の場所を設ける。

掘ったり水と合わせたりして土を楽しむ

土や砂遊び場のそばに草花や樹木を植えることで、土や砂の遊び方が広がる。また、落ち葉がミミズやダンゴムシなどによって分解され土の栄養となるといった、循環性のある豊かな土の場所を設ける。

② 水：園庭のさまざまな場所で水を用いて遊べるように、水場が園庭に複数あることが望ましいが、バケツやたらいを遊び場のそばに置いたり、子どもが水を流せるよう雨樋（あまとい）や竹筒を用意しておくのもよいだろう。また、水たまりができた際には遊びに活用すると、雨と自分の暮らしとのつながりや、太陽が当たれば雨水が空に昇っていく自然の循環性を学ぶ機会になる。建物の雨樋に雨水タンクを設置するのもよい。雨水タンクは雨が降れば使える水が増え、降らなければ水がなくなるため、雨と自分の暮らしとのつながりを実感しやすい。

雨どいをつなげて水を運ぶ

③ 植物：樹木や雑草、花壇、菜園など多様な植栽を設けることが望ましい。また、足元の草花から、子どもの背丈ほどの低木、高木までさまざまな高さの植物があるように計画する。草花や低木は子どもの手が届きやすく、植物とふれ合いやすい。植物の種類は、さまざまな葉の形、花、実、色、香り、味、肌触りを考慮し、各季節で楽しめるように園庭全体で計画する。また、落ち葉や剪定枝、食べ物くずを堆肥化するコンポストを設ければ、自然の循環性を学ぶことができる。菜園では、土を耕す、植える、お世話、食べる、野菜くずを堆肥化して土に還すまでを、一つながりで子どもが体験できることが望ましい。

さまざまな植物が植えられた里山のように構成

④ 動物：さまざまな虫や鳥が訪れるように多様な植栽を設ける。小動物の棲（す）み家になるように、雑草地や剪定（せんてい）した枝や石を集めた場所を設ける。池や鉢などで小動物の水場を設けるのもよいだろう。また、ウサギやヤギ、鶏など飼いやすい家畜がいれば、子どもが共感や愛情、自分と同じ命があること、自然への責任を体験することができる。その際には地域獣医師会の学校飼育動物委員会などに相談しながら、その生き物に適し

た環境を整えるとよい。
⑤ 太陽や風：子どもが太陽の暖かさや暑さ、日陰の涼しさを体験できるように、園庭に日陰の場所と陽の当たる場所をバランスよく設ける。冬季には日当たりが多いほうが望ましいため、落葉樹を多めに植栽するとよい。また、布など、風を活かして遊べるような素材や道具を用意するのもよいだろう。

ヤギも園の大切な仲間

木陰が点在し、光と影、風を楽しむ

(3) **危険の可能性がある自然について**

　自然の中には、トゲのある植物や刺す可能性のある虫など危険に出会うこともある。しかし、危険の可能性がある自然をすべて取り除くことは不可能であるし、子どもの危機管理能力や学びの観点からも大切な経験である。

　対策としては、まずは子どもと園庭や地域の中で危険の可能性がある自然について写真を見たり、出会ったときの対応について話し合っておくとよい。基本的に、動物は相手に危険を感じない限りは攻撃してこない。追い払おうとしたり逃げ回ると動物は攻撃されていると感じてしまうため、出会ったときには気持ちを落ち着けて静かに行動する。また、害虫がいないかを定期的に点検し予防するとよい。

第1部 基礎編―保育における領域「環境」の理解―

> ●「第6章」学びの確認
> ①生き物や植物、自然の現象に関心をもつことについて、領域「環境」や「幼児期の終わりまでに育ってほしい姿」にはどのようなことが書いてあるかまとめてみよう。
> ②生き物や植物、自然の現象には、本章に書いているもの以外にどのようなものがあるだろうか。自分たちの経験を出し合ってみよう。
> ③子どもがどのように自然とふれあっているのか考えてみよう。
> ●発展的な学びへ
> ①子どもたちが生き物や植物、自然の現象に関心をもつためにどんな環境の工夫があるかを調べてみよう。
> ②子どもたちが生き物や植物、自然の現象にかかわっていくとき、どんなことを感じたり、気づいたりするのかについて、話し合ってみよう。
> ③上記の「学びの確認」③を第4節2(1)の4つの活動につなげてみよう。

引用・参考文献

1) 文部科学省ホームページ「ESD」(http://www.mext.go.jp/unesco/004/1339970.htm)
2) 井上美智子『幼児期からの環境教育 持続可能な社会に向けて環境観を育てる』昭和堂 2012年 p.157、161
3) 国立教育政策研究所教育課程研究センター『環境教育指導資料 幼稚園・小学校編』
4) Masashi Soga, Kevin J. Gaston, et al., Both Direct and Vicarious Experiences of Nature Affect Children's Willingness to Conserve Biodiversity: International-Journal of Environmental Research and Public Health, 2016
5) 伊神大史郎ほか『保育内容 環境の実際』建帛社 2000年
6) 藤田博子・下山田裕彦『環境』川島書店 1996年
7) 中沢和子『改訂子どもと環境』萌文書林 2000年
8) 萌文書林編集部編『子どもに伝えたい年中行事・記念日』萌文書林 1998年
9) 三浦慎悟ほか『小学館の図鑑NEO「動物」』小学館 2002年
10) 門田裕一監『小学館の図鑑NEO「植物」』小学館 2002年
11) 小池啓一ほか『小学館の図鑑NEO「昆虫」』小学館 2002年
12) 筒井学監『小学館の図鑑NEO「飼育と観察」』小学館 2005年
13) 岡島秀治監『ニューワイド学研の図鑑「カブトムシ・クワガタムシ」』学習研究社 2001年
14) 大野正男監『学研の図鑑新訂版「飼育と観察」』学習研究社 1996年
15) 武田正倫監『ポケット版学研の図鑑「水の生き物」』学習研究社 2002年
16) 大澤力編『環境（実践 保育内容シリーズ）』一藝社 2015年
17) 田宮縁『体験する・調べる・考える 領域「環境」』萌文書林 2017年
18) 徳安敦ほか『生活事例からはじめる 保育内容 環境』青踏社 2017年

●写真提供
・本章第1節～第3節……甲良町立甲良東保育センター、社会福祉法人宇治福祉園、社会福祉法人檸檬会、堺市立みはら大地幼稚園、たちばな幼稚園、常磐会短期大学付属茨木高美幼稚園、深井こども園
・本章第4節……佼成育子会、和光保育園、里山ほいくえんおやまのおうち、井上幼稚園、花の森こども園

第 7 章　自分を取り巻く社会の文化にふれる―社会的環境―

◆キーポイント◆

　子どもの生活は家庭、地域、園での生活がその大部分を占め、それらの良好な連携により、子どもは豊かに育つ。その中で、自分を取り巻く社会の文化にふれることは、子どもが生活や暮らしの文化に気づき、子どもに社会とのつながりの意識や国際理解の意識が芽生えることにつながる。
　本章では、子どもが生活の中心である家庭から初めて社会への一歩を踏み出した園と地域での「社会的環境」に視点をあてて述べる。そこで、最近の実践事例をもとに具体的に述べ、社会の文化にふれる子どもの育ちにおける意義やその具体的な方策について示していく。

第1節 ● 園生活における行事の意義

　園の行事には、園生活の節目として行うもの（入園式、卒園式等）、子どもの遊びや生活に変化や潤いを与えるもの（園外保育や文化的な行事等）、法令等に定められて必ず実施しなければならないもの（避難訓練や各種検診等）などさまざまである。それぞれの行事には、子どもが経験するにふさわしい教育的価値がある。園では長期の指導計画を念頭に置いて必要な体験が得られるようにし、行事の前後の活動を考慮し、子どもが期待感をもち、主体的に取り組み、達成感が味わえるような配慮が必要である。
　表7－1は、京都市立幼稚園の行事計画の一例である。それぞれの行事の意義や配慮点をあげていく。

1 ── 儀式的行事

　儀式的行事は、子どもにとって、人生の大きな節目であったり、学期ごとの節目を迎えたりする大切な行事である。新しい出会いの場となる入園式や始業式では、安心してこれからの生活に期待がもてるようにすることが大切である。特に卒園式は、園の最も大切な式として、成長した自分に誇りをも

ち、小学校生活に期待し、感謝の心をもって巣立つために、一日一日を大切に過ごす中で迎えたいものである。

表7-1　年間行事の参考例（平成29年度京都市立幼稚園の一例）

区分	1学期行事名	予定月	2学期行事名	予定月	3学期行事名	予定月
儀式的行事	着任式 始業式 入園式 終業式	4月 4月 4月 7月	始業式 終業式	9月 12月	始業式 修了式 終業式 離任式	1月 3月 3月 3月
学芸的行事	保育参観 子どもの日のつどい 一年生お招き会 人形劇鑑賞 日曜参観 七夕のつどい 夏祭り 誕生会	4月 5月 5月 6月 7月 7月 7月 毎月	お月見のつどい 祖父母参観 幼稚園大会 保育参観 楽しいつどい お茶会体験 誕生会	9月 9月 11月 11月 12月 9・12月 毎月	餅つき大会 幼稚園こども展 園内展 節分のつどい 生活発表会 音楽鑑賞教室 半日入園 ひな祭りのつどい 親子お別れ会 お茶会体験 誕生会	1月 1月 1月 2月 2月 2月 3月 3月 3月 1.2月 毎月
健康安全体育的行事	発育計測 聴力検査 内科検診 眼科検診 耳鼻科検診 歯科検診 検尿 歯磨き指導 プール遊び 安全の日・避難訓練 体重測定	4月 4月 5月 5月 5月 5月 5月 6月 6,7月 毎月 毎月	発育計測 プール遊び 消防避難訓練 運動会 就園時健康診断 安全の日・避難訓練 体重測定	9月 9月 9月 10月 11月 毎月 毎月	発育計測 マラソンごっこ マラソン大会 視力検査 親子交通教室 安全の日・避難訓練 体重測定	1月 1月 2月 3月 3月 毎月 毎月
遠足宿泊的行事	園外保育（京都御苑） 葵祭見学 親子遠足（宝ヶ池） 園外保育（祇園祭見学） 宿泊保育（幼稚園）	4,6月 5月 5月 7月 7月	園外保育（御苑） 園外保育（大原学舎） 園外保育（御室八十八か所） 園外保育（鉄道博物館）	9,1月 11月 11月 12月	園外保育（六角堂） お別れ遠足（京都御苑）	3月 3月

2 ── 学芸的行事

　昔から伝わる伝統文化的な行事の多くは、子どもの健やかな成長を願って伝承されているものである。その意図を保育者も十分に知り、先人の愛を子どもに伝えながら進めることが必要である。たとえば、七夕飾りをつくることや鬼のお面をつくること等にも固有に日本の伝統文化を体験する意味はあるが、「つくる」ことのみを目的にするのではなく、行事の意義やそこに込められた子どもへの願いを感じられる機会にできるとよい。

　また、参観日や生活発表会等は、子どもの成長を保護者や地域の人に見てもらう機会ととらえ大切にする。しかしながら、できばえを求めすぎたり、子どもに過度な負担を与えたりしないよう、取り組みの過程の中の子どもの育ちを大切にしつつ、子どもが楽しんで取り組む中で、達成感や充実感が得られるようにし、保護者にもその過程が伝わるように配慮したい。

3 ── 健康・安全・体育的行事

　発育測定は自分の成長を喜ぶ機会となる。各種検診では自分の体の大切さを知り、健康のために必要なことであること、そのために生活習慣の確立が大切であることが子どもなりに理解できる機会としてとらえたいものである。また、避難訓練では、年齢に応じて、さまざまな災害に備えることは命を守るために必要な体験であることを伝え、子どもの発達の過程にふさわしい訓練のあり方を、年間を見通して計画することが重要である。

　さらに、運動会に関しては、保護者や地域などを巻き込む大きな行事である。そのことを踏まえつつ、子どもの日常の遊びや生活とのつながりを意識し、運動量を保障しつつ、発達にふさわしいプログラムを構成することが重要である。子どもが、運動会に向けての活動に主体的・意欲的に取り組み、さまざまな心の経験を経て当日につながるような配慮が必要である。

4 ── 遠足・宿泊的行事

　園外保育は、園ではできない自然体験や社会体験ができる貴重な機会である。また、身近な地域での体験を通して地域に親しみを感じたり、少し遠出して山登り等で心や体を鍛えたり、大自然にふれたり、電車やバス等の公共交通機関を活用したりできる機会でもある。それぞれの園外保育の意義やねらいを組み合わせ、子どもにどのような体験をさせたいかという願いをもっ

て、年間計画を立てることが必要である。さらに、園外保育での体験が一過性で終わるのではなく、園での遊びにつながるような配慮も大切である。

また、お泊り保育では、子どもの安心や安全に十分に配慮しつつ、親から離れて宿泊体験することで自信や自立心が育まれ、仲間とともに過ごす一体感や喜びが味わえるように内容を計画し、子どもの達成感や充実感につなげるようにする。

以上のようなさまざまな行事を教育課程に位置づけ、園での日常の遊びや生活との関連性を考えながら、短期の保育計画を立てることが肝要である。また、子どもの実態に合わせて、年度途中でも柔軟に計画を見直し、子どもに無理のないように精選することも重要である。さらに家庭や地域で行われる行事との連携も考慮に入れ、子どもの生活全体の連続性を大切にしたい。

第2節 ● 園内の身近な社会文化にふれて育つ

1 ── 身近な物にかかわり、大切にする

子どもは、保育者が園に設定するさまざまな遊具や用具、素材に興味関心をもち、遊びを展開する。安全性の高いもの、いろいろに見立て想像を広げ遊びがつくり出せるもの、可塑性があり形状が変化しさまざまに試行錯誤ができるものなどを用意する。また、生活の中では、たとえば、朝一番に出会う場に日めくりカレンダーや当番の名前、天気などの表示を設けることで、子ども同士で情報を共有するなど、身近な情報に親しむ姿が生まれる。このように遊びや生活の中で、子どもは、園で友だちと一緒に使ったり、友だちも同じものに愛着をもつことに気づいたりして、次第に「みんなの物」であることに気づいていく。このように、子どもにとって、園は「公共のものを大切にする」ことを知る初めての場であることを意識して、保育することが肝要である。

2 ── 身近な文化としての絵本や物語

絵本や物語、紙芝居などは子どもにとって身近な社会文化である。園では、一人で絵本を見て想像をめぐらせて楽しむこともあれば、クラスのみんなで

保育者に読んでもらうこともある。そこでは、みんなで同じ絵本や物語等の世界を共有し、心を通わせる一体感などが味わえるであろう。その中で、未知の世界に出会ったり、広い世界のことを知ったり、日常使ったことのない言葉に出会ったり、想像の世界に思いをめぐらし、さまざまな登場人物の気持ちにふれたりし

先生による絵本の読み聞かせ

て自分の世界を広げることができる。また、文字に関心をもち、文字文化にふれる出発点にもなるであろう。幼児期に絵本や物語の世界に浸る体験を大切にしたいものである。

3 ── 視聴覚教材や情報機器を活用する

　子どもの生活の中で、テレビやDVD、コンピューター等の情報機器は身近な存在となっており、その活用は、将来にわたりあらゆる情報を得て人生を豊かにするためにも必要であろう。しかしながら、幼児期には直接的な体験がなによりも大切であることを踏まえ、子どもが興味をもっている様子だからといって安易に情報機器を使うのではなく、直接的な体験との関連を考えて使うことが肝要である。

　たとえば、学級でそれぞれの子どもの活動を紹介し合う一日の振り返りの時間に、保育者が撮影した遊びの場面を皆で共有し、話し合ったり、学級で取り組む表現活動でのそれぞれの表現を見合ったり、園外保育の行き先の写真を見たりなど、遊びや生活の振り返りや見通し、期待をもつことに活用することも可能である。子どもにとって身近なモデルである保育者がICT機器を有効に活用する姿を見ることも、将来のICT機器の有効活用の可能性につながるであろう。子どもの直接体験を優先しつつ、園生活では得がたい体験の補完に活用したいものである。

4 ── 国旗に親しむ

　今後、より一層、グローバルな社会に生きる子どもにとって、日本だけでなく国際社会の中の自分を意識することは大切なことである。その意味においても自国の国旗に親しみ、他国の国旗を見てグローバルな世界を感じることは重要である。2020年の東京オリンピックの開催は、まさしくさまざまな

国や人々に関心を寄せたり、他国の文化にふれたりできる好機である。そのような機会をとらえ、園の遊びの環境を設えたいものである。

第3節 ● 地域環境や地域の人々とふれあう

1 ── 地域や社会に出会う─身近な施設に親しみをもつ─

園の周りには、子どもが豊かな生活体験を得られるさまざまな施設がある。子どもの興味や関心に応じて、地域に存在する社会環境であるさまざまな施設を教育・保育環境として大いに活用し、子どもの体験の幅を広げ、それらの施設の必要性や社会の仕組みを知る機会としたいものである。

表7-2　地域の施設

生活環境としての施設	商店・スーパーマーケット・公園など
地域の中核的な施設	交番・警察署・消防署・郵便局・公民館など
文化的な施設	図書館・児童館・博物館・水族館・科学館など
その他	高齢者福祉施設・神社・お寺など

たとえば、近隣の図書館でたくさんの絵本や本にふれたり、図書館の人に絵本の読み聞かせをしてもらったり、絵本の貸し出しの仕組みを体験したりすることで、図書館に親しみを感じることができ、このような幼児期の体験が将来にわたり図書館を活用する基盤となる。その中で図書館でのマナーを知り、場に応じた振る舞い方を学ぶ機会ともなる。そのほか、高齢者福祉施設で地域の高齢者とふれあったり、園で行うランチパーティーに必要なものを近くの商店に買いに出かけたり、近くの菜園を借りて、栽培活動を継続したり、地域の施設をみんなで清掃したり、園の立地に応じて、周りの施設を活用することで、園だけではできない社会体験ができる。

また、小規模保育施設等では、毎日近くの公園に出かけ乳幼児の運動量を保障することも大切であるが、継続して地域に出かけることで、近所の人に声をかけ

カレーパーティの材料を買いに

てもらったり、地域の人と顔見知りになり、見守ってもらったりして、地域に守られ、愛されている実感を得られることになる。保育者は、身近な地域の人々とのふれあいや地域の暮らしの文化にふれる意義を感じて、地域の支援を得ながら、保育に地域環境を取り入れることが重要である。

2 ── 地域の人々との継続的な交流

ここでは、「園の応援団、ご意見番」として学校運営協議会を設立し、地域の人々に参画してもらう仕組みをつくり、地域の人々との交流を継続的なものとし、子どもの社会体験をより豊かにする取り組みを紹介する。

(1) 伝統文化の担い手をゲストティーチャーとして[1]

園を取り巻く地域には、その地域の伝統文化の担い手がいる。そして、その人々が長年にわたり継承してきた文化が「わが国」の伝統文化であり、現代の担い手として活躍している。みずみずしい感性の育つ幼児期に「本物にふれる」体験は、教育的価値の高いことである。

ここでは、「伝統文化の担い手とのふれあい」を継続的に園の指導計画に位置づけて取り組んできた園の事例を紹介し、地域の人々との交流における子どもの育ちを示したい。

① お茶会の体験

京都市には、わが国の伝統文化である茶道の文化が根づいている地域があり、その文化の担い手にゲストティーチャーとして来ていただき、ある園では年長児の後半から継続してお茶会を体験している。

事例1　お茶会体験の風景（5歳児）

お茶会の設えをした和室に一歩入ると、静寂な気持ちを感じる年長児。その場に応じた振る舞い方ができる年長児ならではの姿である。凛とした場の雰囲気を感じ、扇子を置いて挨拶をしたり、床の間の掛け軸や花を見てお辞儀をしたり、畳のヘリを踏まないように気をつけて歩いたり、一畳に3人ずつ友だちと離れて自立して座ったりなど自信をもって臨んでいる。先生とのお話の楽しいひととき、一人ひとりに出してくださるお菓子とお茶。先生の「一人ひとりを大切にもてなす」心が伝わる。懐紙を出して箸でお菓子を取りわけ、「お先でした」と次に送る姿。満足そうに飲み干すお茶。回を重ねるごとに自信をもってお茶会を楽しむ姿が見られた。

この園では、卒園間近に、お茶を点ててお母さんをもてなす「親子お茶会」

をして、感謝の気持ちを表している。自分の絵の掛け軸と手描きの茶碗を卒園記念品として持ち帰っている。保護者からは「わが子にもてなしてもらい、子どもたちの成長が嬉しい」という意見が寄せられる。ゲストティーチャーは、継続してかかわってくださっていることもあり、子どもの一人ひとりの成長を感じ、楽し

親子お茶会体験

んでくださっている。半年間の感謝の気持ちを込めて、卒園前に歌や合奏をプレゼントすると、その成長の姿を喜んでくださる。

　この園の子どもたちの中には、後日の地域のイベントで、お茶会のブースを見ると興味を示し、お母さんを誘って参加する姿も見られた。幼児期にわが国の伝統文化にふれることは、伝統文化にふれる心のハードルを低くする機会にもなるのではないだろうか。

　② 祇園祭

　わが国の三大祭の一つである祇園祭。京都市立幼稚園ではほとんどの園が鉾を見たり、鉾に上らせてもらったりしている。

事例2　祇園祭を身近に感じて（5歳児）

　鉾町を園区にもつ園では、鉾建て見学、曳き初め、鉾見学を体験している。また、祇園祭に深くかかわっている地域の人々に園に来てもらい、祇園祭の由来を聞かせていただいたり、実際にお囃子を聴かせていただいたりしている。浴衣姿で祭りの雰囲気を醸し出すゲストティーチャーのお話やお囃子を興味深く聞き、その中で地域の人々に愛され、温かく見守ってもらっている実感を味わっている。

　毎年、京都の町が祇園祭に染まっていく7月頃からは、園に用意した祇園祭の手ぬぐいや鉦や笛に誘われ、園の大積み木を使って鉾が建ち、お囃子を奏でて、「ろうそく一本献じられましょう」と伝承された歌を歌いながら、お祭りごっこを楽しむ姿が見られる。

　間近でお囃子を奏でて下さる地域の人、釘を一本も使わずに鉾を建てる職人さんの技、巡行に携わる多くの町衆の心意気に直にふれる体験は、地域の人々に親しみ、わが町、わが地域に誇りをもつことにつながる。さらに園でもそれらの経験を仲間と再現することは、文化の伝承に携わる疑似体験にもなっている。「疫病から子どもを守る」ために生まれた祭の由来を聞き、「動く美術館」と言われる美しく大きな本物の鉾を間近に見る一連の体験の数々

第7章●自分を取り巻く社会の文化にふれる―社会的環境―

鉾見学―鉾にのぼって―

幼稚園でお囃子体験

は、子どもの心に貴重な経験として息づいていく。学校運営協議会の一員として、長年にわたり、子どものために力を貸してくださる地域の人々と心を合わせて計画する。「子どもへの願い」があってこそ実現できる取り組みである。

(2) **身近な地域の人とかかわる** ―園の特色を指導計画に位置づけて[2]―

　今回の学習指導要領・幼稚園教育要領の改訂では「社会に開かれた教育課程」の実現が重要とされ、「幼児期の終わりまでに育ってほしい姿」の中に「社会生活との関わり」が示された。幼児が社会生活にかかわり、地域参画への意識の芽生えを育み、将来の社会の一員としての素地を養うことは、幼稚園教育要領の改訂においても重要な視点となっている。
　ここでは、園の特色を生かして「身近な地域の人とのかかわり」を継続的に園の指導計画に位置づけて取り組んできた園の事例を紹介する。

 事例3　宿泊保育の朝（5歳児）
　学校運営協議会主催の夕涼み会と合同開催した宿泊保育の当日は、5歳児全員が地域の人に浴衣の着つけをしてもらって夕涼み会に参加し、その後、地域の人々に見守られ、無事に一晩を過ごすことができた。
　宿泊保育2日目の朝は、玄関前を掃きながらご近所さんと挨拶を交わす京都の生活に根づく暮らしの文化である「門掃き（かどはき）」の体験を保育に取り入れた。子どもたちが門掃きをしていると、園庭にラジオ体操に参加される地域の人々が集まり始め「ありがとうきれいになるわ」「上手に掃いているね」など声をかけてもらっていた。さらにラジオ体操前に雑草を抜いている地域の方を見て、子どもたちも一緒に雑草を抜きはじめ、頭を突き合わせた状態で「お泊り保育楽しかったか？」「よく、寝られたか？」など声をかけてもらっていた。

109

第1部　基礎編─保育における領域「環境」の理解─

　今回、園での宿泊保育の実施について、学校運営協議会の理事会で相談したところ「夕涼み会と合体して子どもたちに楽しい思い出をつくってあげよう！」と提案いただき、園での宿泊保育が初めて実現した。子どもたちは門掃きを行うことで、地域の人々からやさしく感謝の声をかけてもらい、自分たちが役に立っている喜びを感じることができた。また、家庭から離れて一晩過ごしたという特別な自分たちの経験を、地域の人々に知っていて声をかけてもらうことで、宿泊できた自信をさらに大きくした。

> **事例4　お年寄りを招く（5歳児）**
>
> 　園では、開園当初から隣接する特別養護老人ホームとの交流を指導計画に位置づけて大切にしている。毎月2回ほど園児たちが訪問し、歌や踊りを見てもらってきた。「おじいさん、おばあさんと一緒に踊りたい」という子どもたちの思いを学校運営協議会や特別養護老人ホームの職員さんに伝え、特別養護老人ホームのおじいさん、おばあさんを園に招くことが実現した。
>
> 　園に来ていただくことで、いつもと違う雰囲気でのふれあいとなり、少し恥ずかしそうにする子どもや、自分から「こんにちは！」と挨拶をしたり、おじいさん、おばあさんに握手をしに行ったりする子どももいた。そんな中、リュウジが「一緒に踊りませんか？」とゆっくりと立たれたおじいさんの手をなでてからやさしく握り踊りに誘うなど、みんなが徐々に打ち解け、自分たちのホームグラウンドで「おもてなしの心」を存分に発揮した。おじいさん、おばあさんの喜ぶ姿に子どもたちも嬉しさいっぱいの笑顔を輝かせていた。

　4歳児のときから、特別養護老人ホームを訪問し、手遊びや踊りなど見てもらい、おじいさんやおばあさんから「ありがとう」と言ってもらったり、涙を流して喜んでもらったりしたことで、子どもたち自身も嬉しく喜びを感じていた。自分たちが元気に歌ったり、笑顔を見せたりすることで皆に喜んでもらえる、元気になってもらえるということに、子どもたちも自己有用感を感じている。また、園で交流したことにより一層親しみを持ち、「特別養護老人ホームの人」から「このおじいちゃん」に相手意識が変わったように思われた。また"帰りを見送る"という経験もできた。おじいさん、おばあさんを見送る際に、自ら車いすのそばに寄り手を振ったり、まるでエスコートするように、背中

高齢者を幼稚園にお招きして

をやさしくそっと押したりするような行動が自然と見られ、高齢者をいたわる気持ちが感じられた。参加された人からも「とっても元気が出ました。ありがとう」と直接言っていただいて交流が終わり、保育室に戻ると「楽しかった」と、とても満足な表情を見せていた。

　一つの実践事例として、「地域とのかかわり」「地域の人々とのふれあい」を学校運営協議会という仕組みを活かし、園の指導計画に位置づけ、組織的、継続的に行っている園の取り組みを紹介した。そこには、園児、保護者、地域、教職員がともに育ちあう姿が見られる。
　園児は事例の中でも見られるように、「本物（価値ある伝統文化）にふれる」ことで豊かな感性を育み、身近な地域の人と継続的にかかわることで、より一層の親しみを感じ、愛されて育つことに喜びを感じるようになる。さらに、自分の存在や行動が「地域の人の役に立つ」「喜んでもらえる」という自己有用感につながり、「この地域で育つ」自覚や自信につながり「将来の社会の一員として自覚」が育つ。そして、年々地域との関係が薄くなる傾向の見られる保護者は、地域とのかかわりで育つわが子の姿を通して、地域への参画意欲が増し、「卒園したら、地域の人」として、園にかかわってくださるようになる。
　また、教職員は、園を応援してくださる地域の人々に励まされ、特に教員は、地域とのかかわりを視野に入れて、子どもとともに自らの保育をつくる力量を身につけることができる。さらに、地域の人々は、子どもの育ちを目の当たりに感じることで、より一層、園の活動へ参画意欲を高め、地域の中で、園から小学校へと継続して、子どもの成長を長く、大事に見守ってくださるようになる。
　園の願いをしっかりと学校運営協議会に伝え、組織的に協力を得られる信頼関係づくりが基盤であるが、このように、園を園の中だけで閉じるのではなく、身近な地域に開くことで、子どもの世界は広がり、多くの育ちが期待できる。

第1部　基礎編—保育における領域「環境」の理解—

第4節 ● 小学校との連携

　幼稚園や保育所等では、遊びたくなるような環境が構成されることで、子どもたちは遊ぶ意欲が高まり、あれこれ考えて粘り強く試したり友だちとアイデアを出し合ったりしている。子どもたちが活動に集中する中で、思考力、自然や言葉への関心、見通しをもった場の構成力や社会性などが育っていくが、これらは学びの芽生えととらえることができる。しかし、これまで幼児期の学びやそれを促す教育の取り組みが報告される機会があまりなかったこともあり、小学校教員等に理解されにくかった。また共通の教育課程が示されてこなかった幼児教育では、幼保の役割の違いや各園独自の経営方針などによって、一人ひとりの子どもの育ちも多様なものとなっている。

　保幼小連携では、こうした子どもの育ちを連続的なものととらえ、幼児期における学びを明確に示して小学校以降につなぐことが目指されている。

1 ── 小学校との連携とは

(1) 学びの芽生えの時期から自覚的な学びへの円滑な移行とは

　幼稚園や保育所等での子どもたちの姿を見ると、庭を駆け回る子、砂場でトンネルをつくる子、友だちと一緒にごっこ遊びをする子など、自分からいろいろな活動に働きかけ没頭している。そこでの子どもの行動やつぶやきには願いや葛藤があるが、それを保育者が読み取り、適した環境を構成することでさらに活動が深まったり広がったりしていく。一方、学校は、学習指導要領で示された教育課程に基づき、適した教材や課題によって子どもの関心や意欲が喚起され、学習に向かっていく。遊びや生活の中から、保育者が学びの芽を見出し促す幼児期を学びの芽生えの時期ととらえ、子どもが自覚的に学ぶ学校教育に円滑に移行していくことが求められているのである。

(2) 事例から見る「幼児期の終わりまでに育ってほしい10の姿」

　幼児期の生活全体の中で総合的に育つ姿を具体的に整理したものが、「幼児期の終わりまでに育ってほしい10の姿」[※1]である。ここでは、福井県幼児教育支援センターの福井県保幼小接続カリキュラム確定版『学びをつなぐ希望のバトンカリキュラム』のなかにある事例「板で家をつくろう」[3)]をもとに

※1　幼児期の終わりまでに育ってほしい10の姿
幼児教育と学校教育を資質・能力という共通の視点で表すために10の観点で整理して示された姿。(1)健康な心と体、(2)自立心(3)協同性(4)道徳性・規範意識の芽生え(5)社会生活との関わり(6)思考力の芽生え(7)自然との関わり・生命尊重(8)数量や図形、標識や文字等への関心(9)言葉による伝え合い(10)豊かな感性と表現があげられている。

10の姿を考えてみよう。

> **概要**
> 「Ａ男は一人で砂場に長い木の板を立てて家づくりを始めたが、完成を目前にして全壊する。Ａ男の集中する姿にひかれて様子を見ていたＢ男がＡ男を励まし、板を横に倒す方法を提案し、力を合わせて家づくりは実現に向かう。」
> （出典：福井県幼児教育支援センター『学びをつなぐ希望のバトンカリキュラム』2015年　pp.76－78、引用者により再編）

　この２人の姿を思い浮かべると、やりたいことに向かって心と体を働かせ（健康な心と体）、自分の力でやり遂げようと思いをめぐらし（自立心）、思いや考えを共有して実現に向けて工夫し協力し（協同性）、ものの性質や仕組みを感じたり気づいたり（思考力）していることが見えるだろう。家をつくりたいという自らの思いと必要に支えられ、友だちと心を通わせて取り組む楽しさを味わう中で、粘り強く板を立てたり、倒れないよう支えたりしつつ、材木や砂などの特徴や重さ、バランスなども体感する姿が目に浮かぶ。

　こうした体験や発見は、たくさんの点がちりばめられるように、園の中のいたるところで毎日起きている。しかし、すべての子どもが同じ経験をしているわけではなく、獲得するものも一人ひとり違っている。個々の子どもの遊びや生活の文脈の中での必要によっていろいろな学びが芽生え、それを豊かにするのが幼児期の環境による教育といえよう。

　家づくりでは棒の長さをそろえる姿が見られたが、長さについて小学校の算数では、「棒を並べて直接比べる」、「遠くで動かせないものの長さを消しゴムや指がいくつ分かで比べる」、さらに「世界共通の単位（cm）を用いてそのいくつ分という数値で表す」と段階を踏んで学ぶ。幼児期のように遊びに向かうプロセスの中で学びが芽生えるのではなく、「比べられるかな」といった問いに出会い、「比べてみたい」と思うことが、長さを学ぶ意味や意義を自覚することになる。これが数学や自然科学の世界につながっていく。

　虫や花など自然とのかかわりも同様である。幼児期には、虫や草花遊びが大好きな子は夢中になって遊んだり調べたりして、虫博士や名人になる。同時にあまり興味のない子もいる。小学校の生活科では、博士や名人が活躍しつつ、どの子どもも自然の心地よさや生命の神秘に出会い関心を抱き、生命の尊さや生態系の一部としての自分に気づいていくように授業が展開される。

(3)　保幼小連携の目的はそれぞれの教育の質を高めること

　これまで教師主導の一方的な教えでは、幼児期の個々の育ちが生かせず「個人差が大きくて授業がやりにくい」「小学校はゼロからのスタート」などとい

う声もあった。一律に効率的に教えようとすると、個々の子どもに固有の豊かな経験や学びを生かすことは難しかったのである。しかし、子どもたちの中に芽生えている多様な学びの芽は、主体的で対話的な学びでこそ生かし深めることができる。そのために、幼稚園や保育所等では幼児期の遊びの意義が伝わるように学びの芽を示す必要があり、小学校では子どもの中に育っている学びを生かす授業にしていく必要がある。10の姿を到達目標のようにばらばらに扱って、できる・できないなどと当てはめるのではなく、上の事例のように具体的な子どもの姿で示すことによって、幼児期の育ちと学びが連続して見えるようになる。

　保幼小の連携を、入学直後の子どもたちの指導に生かすという姿勢だけでとらえると、それは5歳児と1年生担任だけの適応指導に矮小化されてしまう。本来の連携の趣旨は、幼児の育ちと小学校の学びが子どもの中でつながり発展することであり、保幼小全体を通した学びのつながりを意識することによって、それぞれの教育の質を高めていくことである。

2 ── 小学校との交流

(1) 互恵的な交流活動

　保幼小の交流活動は、それぞれのねらいを明確にしながら、活動内容や時間、空間等を一緒につくっていくことで双方に学びのある互恵的な活動となる。小学生は年少の子どもとかかわることで自分を見つめ直す機会となり、幼児は小学生とかかわった経験が成長の喜びとなったり遊びの幅を広げたりする。交流で一緒に行った遊びを翌日にも続けたり、新たに似たようなおもちゃをつくったりして園での日常生活に持ちこむことで、園の生活に新たな展開が生まれる。単発のイベントではなく、継続的な交流活動になると、子どもも教師もお互いの様子がわかるようになり、子どもたちの育ちをイメー

小学生と一緒に風車を作る交流活動

園で年中児や年少児を招待して風車屋さん

ジしながら活動の意味を繰り返し語り合う保育者と教師の協働も生まれる。

　交流活動は、5歳児と1年生だけでなく保幼小のさまざまな学年同士で行うことも大きな意味がある。小学校の教師は、幼児が遊びの中で学ぶとはどういうことなのかを見て知る機会となり、保育者は、小学生の姿から幼児期の遊びがどのように発展していくのかを見通して考える機会となる。合同の授業研究や公開保育など保育者と教師が交流し、保幼小の保育者と教師が子どもへのまなざしを重ねることによって、それぞれの子どもの見方やかかわり方を知り学び合う場になる。お店屋さんをしている幼児が必要な道具や材料を自分で取りにいき、看板をつくって文字を書くといった幼稚園等では当たり前の姿も、初めて見る小学校教師にとっては、子どもに育っている力を見直す貴重な機会となる。

(2) カリキュラム編成につながる交流

　合同の授業を計画・展開することによって、連携のカリキュラムを創出する道筋が見えてくる。子どもが豊かな環境から自ら発見し遊びをつくり出す様子、また、子どもたち一人ひとりの発達や個性を大事にしてその子に応じてかかわるという教育姿勢に小学校の教師が気づくことによって、授業を改善するヒントが得られる。これは、小学校での教科学習においても、アクティブでダイナミックな授業の可能性が開かれることにつながる。

　鳴門教育大学附属幼稚園・小学校で3年間連携研究をしていた木下は、1年生とともにカレンダーづくりに夢中になっている幼児の姿から、数がどのように子どもの生活と豊かに結びついているかに思いを寄せ、子どもが数学を学ぶ必然性を考えている[4]。このことは、小学校における教科学習の視点を、教えのカリキュラムから学びのカリキュラムへと変え、豊かな子どもの体験を生かした学びに変革することにつながっていく。

3 ── スタートカリキュラム

(1) 連携カリキュラムとは何か

　2016（平成28）年の答申[※2]で、幼稚園から高校までの教育課程編成の方針が「何ができるようになるか」という視点で統一された。これまで教師が「何を教えるか」に重点が置かれていた学校教育を、子どもの資質能力という観点で考えるという大きな改革である。また、教科横断的な学びの重要性も指摘され、子どもの学びを総合的に考え、子どもと毎日を過ごす教師がその様

※2　2016年12月に中央教育審議会より『幼稚園、小学校、中学校、高等学校及び特別支援学校の学習指導要領等の改善及び必要な方策等について（答申）』が公表された。

第1部 基礎編―保育における領域「環境」の理解―

※3 カリキュラムマネジメント
学習指導要領を受け止めつつ、子どもたちの姿や地域の実情等を踏まえて各学校が設定する教育目標を実現するために教育課程を編成、実施、評価、改善すること。

子や目指す姿をもとにしてカリキュラムを編成することが求められた[※3]。2016（平成28）年に、国立政策研究所に設置された幼児教育研究センターが発表したスタートブックも、各自治体や地域でスタートカリキュラムを作成するための資料である。連携カリキュラムは、単に小学校入学時の適応指導でも、イベント的な交流の計画でも、小学校の教科内容や学習方法を幼稚園等で先取りするのでもなく、子どもの育ちが連続するためのものである。

(2) スタートカリキュラムの編成

※4 スタートカリキュラム
入学直後に幼児教育の考え方を取り入れたカリキュラム。入学から5月まで、あるいは7月までなど学校や地域の実態に応じて作成する。

スタートカリキュラム[※4]の先進事例では、幼児期の生活環境と近い時間と空間の配慮が行われている。始めから45分授業でなく15分ずつに区切ったり、朝や下校前に読み聞かせや体を動かして歌う活動を行ったりして、安心して学校生活にゆっくりと慣れることを意識している[5]（表7-3）。

入学直後の心をほぐし自己発揮することをねらいとして、生活科の「がっこうだいすき なかよしいっぱい」が取り入れられている。学校探検では、学校全体が柔軟に対応することで、音楽室を見つけて大きな楽器で音を楽しんだり、理科室で理科専科の先生としゃぼん玉をつくったり、といった子ど

表7-3 「なかよしタイム」：週案での位置付け例（4月第1週）

	今週のねらい＜心をほぐす＞＜安心感をもつ＞				
	4／6（月）	4／7（火）	4／8（水）	4／9（木）	4／10（金）
1		音2/3 国1/3 特1/3	音1/3 国2/3 体1/3	音2/3 国1/3 特1/3	音1/3 国1/3
		なかよしタイム 手遊び歌・お話読んで・お話聞いて・みんなで歌おう 歌っておどろう・なかまつくりゲーム・遊具であそぼう			※活動の中で、トイレの使い方や体操着着脱、話の聞き方等を身につけていくようにする。
2		生1 1/3 音1/3	生2/3 算1 国1	特2 生1 2/3	国2/3
		わくわくタイム			
3	行1 入学式	春のあそびたい ・外に出て遊ぶ （校庭散歩、 草花遊びなど）	春のあそびたい ・外に出て遊ぶ ・遊んだことを話す ・「はる」を声に出して読む。 ・集めた春をなかま分けをする。 ・正しく鉛筆を持ち、名前を書く。	楽しい給食 ・給食室を探す。 ・給食を作る様子を見る。 ・給食の準備の仕方が分かり、やってみる。 ・栄養士さんの話を聞く。	どうぞよろしく ・下校班で、自己紹介ゲームをする。
4	特1 なかよし いっぱい ・小学校生活に意欲をもつ	特1 下校準備 ・下校班で、自己紹介ゲームをする。			生1 がっこうでいすきなかよしいっぱい ・給食室探検の続きをする。 ・出会った人に挨拶、名刺を渡す。
時数	国語	算数	生活	音楽	図工	体育	道徳	特活	行事
	3 1/3	1	5	2	0	1	0	4 2/3	1

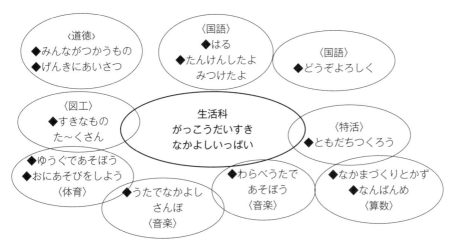

図7-1　生活科"がっこうだいすき"と各教科へのつながり

もの自発的な活動と教科をつなぐ活動も可能になる。

　2017（平成29）年の学習指導要領では、生活科がスタートカリキュラムの中核として位置づけられた。入学直後の生活科の体験によって、各教科の学習へ円滑につなぐことが求められているのである[5]（図7-1）。

　スタートカリキュラムは、学校や地域の実態に応じて作成される。大切なことは、入学してきた子ども一人ひとりを教師がよく観察し、個々の子どもの幼児期の経験や育ちを意識して丁寧にかかわることである。アプローチカリキュラム[※5]も、小学校の生活の前倒しではなく、園での豊かな環境を十分生かして、自発的な遊びの中で考え挑戦する協同的な活動や表現活動など、幼児の総合的な学びを充実し発展させることが子どもの自信につながる。

　入学時1か月限定で、生まれ月順の仮クラス編成とティームティーチングを取り入れている学校もある。学校全体で子ども一人ひとりを見ていく姿勢や地域との連携など開かれた教育課程の一つの形といえる。また、2年生の終わりまで、教科と時間割の枠を取り払い、子どもたちと教師で学習活動をつくり上げており、幼児教育の理念を小学校低学年全体に取り入れている学校もある。

　幼小連携は、単に入学前後の適応が目的ではない。子ども自身が、自ら学びに向かう力を支え伸ばしていくために、幼児教育と学校教育がともにそのあるべき姿を模索し続ける営みである。

※5　アプローチカリキュラム
幼児期の学びが小学校の生活や学習で生かされてつながるように工夫された入学前のカリキュラム。幼稚園教育要領等での位置づけはないものの、各自治体等で作成や実施をしていることがある。

第1部 基礎編─保育における領域「環境」の理解─

> ●「第7章」学びの確認
> ①子どもは、どのようにして社会の文化にふれるのか考えてみよう。
> ②子どもが社会体験する意義を考えてみよう。
> ③「幼児期の終わりまでに育ってほしい10の姿」を整理し、具体的な遊びのなかで育つ様子を考えてみよう。
> ●発展的な学びへ
> ①子どもが社会体験するための保育の具体的な内容と教師の援助、環境構成を考えてみよう。
> ②保幼小連携の交流活動を企画し、それぞれの年齢に応じた学びと活動に向けての留意点を話し合ってみよう。

引用・参考文献

1）京都市立中京もえぎ幼稚園・平成18年度コミュニティ・スクール推進事業研究指定「園児・保護者・地域・教職員がともに輝き育ち合う幼稚園づくり」『研究紀要第4集』2006年
2）京都市教育委員会・平成28年度文部科学省委託幼児期の教育内容深化・充実調査研究「幼児が地域に親しみ愛着を持つことを目指して－幼稚園における学校運営 協議会を核とした地域との連携を通して－」
3）福井県幼児教育支援センター『学びをつなぐ希望のバトンカリキュラム』2015年 pp.76－78
4）佐々木宏子・鳴門教育大学附属幼稚園『なめらかな幼小の連携教育－その実践とモデルカリキュラム』チャイルド本社 2004年 pp.93－99
5）横浜市子ども青少年局子育て支援課幼保小連携担当編『育ちと学びをつなぐ 横浜版接続期カリキュラム』2012年
6）佐々木宏子・鳴門教育大学附属幼稚園『なめらかな幼小の連携教育－その実践とモデルカリキュラム－』チャイルド本社 2004年

第8章　子どもを守る安全な環境

◆キーポイント◆

「安全」であること、「命を守る」ことは、保育を行ううえでの大前提であり、これが保障されなければ保育はできない。いくら子どもが楽しそうだから、子どもの自主性を重んじているからといって、子どもを明らかに危険にさらすような保育は認められない。一方、子どもが好奇心や興味関心をもち、ワクワクしながら外の世界や環境に自ら能動的にかかわり、探索したり、チャレンジすること、つまり多少のリスクのある「遊び」が、乳幼児の成長発達にとって必要不可欠であることも事実である。一見相反する「安全」と「ワクワクチャレンジできる遊び」の両者をいかに高いレベルで両立できるかが、特に乳幼児の保育施設に求められている。

　子どもは、周りの大人からただ守られているだけでは、いつまでたっても自立できない。成長とともに、子ども自身が安全に対する意識と能力を養い高めていくことが重要である。それは十分な遊びや見本となるおとなの姿やアドバイスを通して養われていくものである。
　乳幼児を守る安全を考えると、現代社会が抱えるさまざまな要因（食物アレルギー、バーチャルな世界、虐待の増加、激しさを増す自然災害など）から起こる問題にも注意を向ける必要がある。そして、園の中で子どもの安全を守るためには、1人に責任を押しつけるのではなく、ヒヤリ・ハットを活用し、全職員が意識し協力して取り組んでいくことがなにより大切である。
　ここでは、これらのことを順番に説明していく。

第1節 ●「安全」「命を守る」ことが絶対条件

　保育を営むうえで最も基本的で大切なことは、子どもの「安全」が保障されていることである。なにがあっても子どもの命が危険にさらされるようなことはあってはならない。
　この大前提があるからこそ、保護者は園や保育者を信頼し、安心して愛するわが子を園に通わせることができる。国の制度としても、幼稚園や保育所、

認定こども園は、設置基準や安全基準など厳しい基準を満たしたものだけが設置を許されている。これは、子どもの命を守るための最低基準であるともいえる。

そのような厳しい基準があっても、施設の中で死亡事故は発生する。全国の幼稚園で1年間に1.73件、保育所で7.87件（平成10～24年平均）の死亡に至る事故が発生している。幼稚園と保育所での保育中の死亡事故を比較してみると、平均発生件数では保育所が4.55倍多く、10万人当たりの平均発生件数でも保育所のほうが3.67倍多い[1]。このように保育所の発生件数が多いのは、保育所は体力の弱い0・1・2歳児がいることや在園時間が長いことなどが影響していると考えられる。

保育所保育指針においても、第3章「健康及び安全」の「3（2）事故防止及び安全対策」には、重大事故が発生しやすい場面として「睡眠中」「プール活動・水遊び中」「食事中」の3つがあげられている。これらは、保育施設において死亡事故や重篤化に至るケースが多いとされている。保育者は、保育所保育指針等にしたがって事故防止に努めなければならない。

「子どもの安全を保障し、命は絶対に守る！」。かけがえのない子どもの命を預かっていることをすべての職員が常に念頭におき、協力して安全な環境を整え、それを維持し続ける必要がある。

第2節 ● 安全な環境を脅かす要因

子どもたちは、園内外でさまざまな環境に囲まれて生活している。たとえば、園舎や保育室のような建物・構造物などの物的環境、遊び場や遊び方にかかわる遊び環境、感染症などにかかわる衛生環境、気象地震などの大きな自然環境、園内の動植物などの自然環境、交通安全にかかわる交通環境、不審者などを含む社会環境、アレルギーにもかかわる食環境、心の安定に影響を及ぼす両親や保育者、友だちなどの人的環境とそこから影響される精神的環境、そしてインターネット等のバーチャルな環境などがある。これらはどれもが子どもを守り、育ちを支える大切な環境であるとともに、一方で子どもの安全を脅かす危険もはらんでいる。

特に現代社会では、自然環境が悪化、社会情勢の不安定が増大し、一昔前にはなかったようなさまざまな危険が発生している。大規模な自然災害や凶悪犯罪やテロ、環境物質による人体への影響なども心配されている。

園や保育者のレベルで対応することが難しい問題もあるが、子どもたちの将来の安全と幸福のために、今から最新のリスクマネジメント等を研修などで学んでおく必要がある。

1 ── アクシデント（事故）

アクシデント（事故）はどんなに注意していても起きてしまうことがある。おとなが注意して歩いていても、つまずいたり物にぶつかったりすることもある。保育施設では、子どものけががまったく起こらない園はまずないといってよいだろう。研究によれば、ほぼ全員の子どもが1年間に一度はなんらかのけがを経験しているとのデータもある[2]。

アクシデントは起きてしまうものである。しかし、病院に行かなければならないようなけがが起きないに越したことはないだろう。事故の発生をゼロにすることはできないが、事故やケガをできるだけ小さくすることはできる。事故が起きても死亡や重傷、重大な被害につながらないようにするためには、さまざまな予防策を行う必要がある。

2 ── ハザードとリスク

(1) ハザードとリスクの違い

「ハザード」と「リスク」という言葉がよく使われている。日本語に訳すとどちらも「危険」だが、その違いを踏まえておくことが子どもを守る安全な環境を考えるうえで参考になる。

> ハザード……危険性または有害性
> リスク　……危険性・有害性によって生ずるおそれのあるけがや事故の発生する可能性の度合い
>
> （出典：厚生労働省・職場の安全サイト「リスクとハザード」より）

私たちが暮らす環境のほとんどのものには、ハザードが内在している。たとえば、いつでも熱いお湯が出る便利なポットには、熱湯という危険（＝ハザード）が内在している。また、園の遊具や環境では、すべり台や鉄棒には高さがあるため落下というハザードがあり、揺れて楽しいブランコには固い椅子がハザードとなり、乳児にとっては園舎の階段の高さもハザードである。そのほか、ハサミや食器、机、扉など園内のあらゆるものにハザードが内包

第1部　基礎編―保育における領域「環境」の理解―

危険性・有害性（ハザード）
人がいないため災害が起こらない

リスク
人がいるので災害が起こる可能性がある

図8-1　リスクとハザード
出典：厚生労働省・職場の安全サイト「リスクとハザード」(http://anzeninfo.mhlw.go.jp/risk/syokuhin07.html)をもとに筆者作成

されている。

　重要なことは、とくに乳幼児は、ハザードに潜んでいる危険をしっかりと認知できないため、おとなと比べものにならないほど危険度（＝リスク）を高めてしまうことである。たとえば、時計などに使われている小さなボタン電池も生活になくてはならないものだが、乳児がそれを見つけて口に入れ飲み込んだため、胃に穴が開くという重篤な症状を生じさせた事故が起きている。おとななら問題にならないような電池というハザードも、乳幼児の場合はその特性からリスクを一気に高めるのである。

(2) 危険を予防するために

　なぜ乳幼児はハザードのリスクを高めてしまうのだろうか。要因としては、危険性への理解度が低い、好奇心が強くすぐに触ろうとする、行動に出てしまう、なんでも口に入れたがる、狭いところが好き、大人に比べて体力が弱い、などが考えられる。

　リスクを高めてしまう乳幼児のこれらの特性を踏まえながら、予防措置を講じておくことが求められる。たとえば、すべり台や鉄棒には高さ・落下というハザードがあるが、落下危険防止用マットを敷くなどしていれば、万が一子どもが落下した場合でも、固い地面のままに比べてけがの程度が軽くなる可能性が高くなる。このように予防措置をとっていれば、事故やけがのリスクを低減することができる。

　では、予防のためにすべきことはどんなことだろうか。以下にポイントをまとめた。①から④の過程すべてを、できるだけ職員全員で行うことが重要である。

　①　乳幼児の特性、行動の特徴を理解しておく（乳児はなんでもすぐに口

に入れる、思いつくことをすぐに行動に移すなど)。
② 施設の内外で、子どもが生活する場所や行きそうなところを確認し、そこに潜むハザードをできるだけ洗い出し、マップやリストにする。
③ 一つひとつのハザードについて、どのようなリスクが予想されるかを考える。
④ 予想されるリスクを低減するためにできることは何かを考え、アイデアや工夫を出す。構造上の問題なのか、配置の問題なのか、運用上の問題なのかなど、どこに問題の原因があるのかを探る。そのうえで専門家による工事が必要なことなのか、自分たち職員でできることなのかを見極める。その際、緊急性の高いものなのか、時間をかけて行う必要のあるものか優先度をつける。

第3節 ● リスクと遊びの両立

　ここまで、子どもを守る安全な環境のためには、子どもの周りにあるさまざまな危険のリスクをできるだけ少なくすることが必要だと述べてきた。しかし一方、幼児教育に求められる使命は、守り育てるだけではなく、子ども自らが主体的に環境に働きかけ、外の世界とかかわりをもちながら、一生の土台となる精神面、運動能力面、知識や知恵、技術技能面などを育んでいくことである。
　そのためには、子どもの特性である旺盛な好奇心や興味、ワクワクする気持ちで能動的にかかわりチャレンジしたくなるような豊かな遊び環境が必要である。

1 ── 遊びのなかにあるリスク

　遊びには、その子にとって少し難しいチャレンジの要素、つまりリスキーな要素が含まれる。その子にとって乗り越えられそうなリスクのある遊びは、子どもをワクワクさせ、それが遊びの醍醐味でありおもしろさである。
　ここで大切なのは、遊びに含まれるリスクを子ども自身が意識し、承知のうえでチャレンジしているかどうかである。たとえば、子どもは高いところから飛び降りて遊ぶことが好きだが、それは自分で高さを確認し、自分の能力と相談しギリギリを決めて実行するから、スリルと達成感を味わうのであ

る。子どもたちはリスクに向かいながらそれを克服することを楽しみ、結果として、自信や運動能力向上などの育ちにつなげている。

　また、子どもが自覚できるリスクは、遊びの楽しみの要素にもなる。チャレンジしたり冒険することは、子どもの発達にとって欠かせないものである。子どもが乗り越えられる程度のリスクや危険性は、大切な「遊びの価値」だといえる。

　もちろん、子どもは自分にとってギリギリのリスクに挑戦する際に、ときには思い通りに行かず小さなけがをすることもある。だが、リスクに挑戦し多少のけがをすることは貴重な経験や学びとなり、その後の危険予知能力や危険回避能力を高める。小さなリスクへの対応を経験的に学ぶことで危険を予測し、事故を回避できる能力が育つ。さらには、危険への感知力が高まり、大きなけがを回避できるようになり、たくましい子どもに育っていく。子ども自身が多少危険だと自覚したうえで行う挑戦は、遊びの価値として、今の時代だからこそ尊重されるべきものではないだろうか。

2 ── リスクと子どもの育ち

　上記のことから、リスクすなわち危険因子のすべてを取り除くということは、子どもたちの成長や将来への必要な経験・学びの環境をなくすことにつながり、大きなマイナスである。明らかに大きなけがへの危険がある場合は別だが、育ちに必要なリスクであれば、取り除くのではなく、職員がリスクを認知し危険度が増さないよう配慮することが重要である。

　たとえば、食育の一環でクッキング活動を取り入れている園も多いだろう。その料理に使う道具は、包丁や火など危険なものがたくさんある。しかし、危険なものも使い方によっては人の役に立ち、暮らしを豊かに幸せにしてくれることを子どもたちに伝えることのほうが、危険を片っぱしから排除していくよりはるかに大切である。

　また、自分たちで育てたキュウリを収穫し、みんなで食べるために年長児が包丁を使う活動がある。包丁は一瞬で命を落とす危険性の高い道具だが、それを扱う子どもの姿は慎重で真剣そのものである。

　この場合、もう一つのやり方として、キュウリから離れた位置に子どもを座らせ、保育者がキュウリを切りそれを見せる方法もある。もちろん保育者が切ってしまうほうがリスクはずっと少ない。しかし、集中力、達成感、自信、次への意欲、貢献する喜び、技術、身体コントロール、道具の扱い方、安全に関する感覚など、実際に子どもが経験し自分でリスクを乗り越えたか

らこそ育つ教育効果のほうが圧倒的に大きいといえる。これらは子どもが自分自身で実際に体験する中でしか得られない学びである。

子どもは、まわりの大人からただ守られているだけでは、いつまでたっても依存的で自立できない。成長とともに、子ども自身が自分で安全に対する意識と能力を養い、それを高めていくことが重要である。

3 —— 保育者の配慮

保育者や親は、基本的に子どもが選んだ乗り越えられそうなリスクのある遊びを認め、見守る配慮が必要である。子どもの成長に従って危険の程度は変化するので、各年齢の子どもの成長や発達レベルを把握しておく。たとえばクッキングや木工遊び（トンカチやのこぎり）などリスクを伴う活動を行う際は、幼児の場合は特に、その日やそのときどきの心の状態、落ち着いて集中できている、ざわざわしているなど、子どもたちの様子を見極めながら行う必要がある。

園の施設には多くの子どもが一緒に暮らしている。子どもたちはそれぞれが違う動きで遊んだり、移動しているため、保育者は動線を考えたり、静と動の活動を区分したり、机やロッカー棚のけがが起きないような配置などを考えておく必要がある。

第4節 ● ヒヤリ・ハットを生かす

事故はどうしても起きてしまうものであるが、事故が起きたときにその原因を個人ひとりの責任に押しつけてしまうことは絶対にあってはならない。事故の原因を個人の責任にしてしまうと同じ失敗を繰り返すことになる。園はチームとして機能することで初めて力を発揮できるため、事故の原因もチームとしてどこに問題があるかを探る必要がある。

安全を考えるときに、「ヒヤリ・ハット」という言葉がある。ヒヤリ・ハットは、結果として大きな事故に至らなかったものの場合によっては大きな事故につながったかもしれないエピソードのことで、「ヒヤリとした」「ハッとした」が語源である。

保育者になると、保育中にさまざまなヒヤリ・ハットを経験するだろう。この一人ひとりのヒヤリ・ハットが重大事故を防止するための貴重なデータ

となる。事故防止のために、園でこのデータを活用することが大切である。人によって感じるレベルは違うが、それぞれのヒヤリ・ハットを職員間で発表し共有し合うことで、園としての危険への対応や教育的に必要なリスクなどを確認しあうことができる。また、安全マニュアルや保育計画を策定することもでき、事故予防の効果も高まる。ヒヤリ・ハットは、施設全体で取り組むことが重要である。その積み重ねが安全を高め、保育の質を上げる一つの重要な働きになる。ただし、ヒヤリ・ハットも続けているとどうしても同じような意見ばかりが出されるようになり、危険への意識も薄れてしまいマンネリ化する。マンネリ化を防ぐためには保護者や第三者や外部の視点を導入するなどの工夫をしていくことが必要である。

●「第8章」学びの確認
①乳幼児の安全を脅かす要因にはどんなものがあるか考えてみよう。
②ハザードとリスクの違いついて考えてみよう。
③子どものチャレンジするあそびとリスクの両立について考えてみよう。
●発展的な学びへ
①自分達の身のまわりにどんなハザードとリスクがあるか考え、そこから保育の中のハザードとリスクについても考えてみよう。
②保育で実際に経験した(起こりそうな)ヒヤリ・ハットについてみんなで話し合い、原因や予防策について話し合ってみよう。
③ニュース等で取り上げられた乳幼児の施設内で起きた重大事故について、どうしたら防ぐことができたかを話し合ってみよう。

引用・参考文献

1) 小澤文雄「幼稚園・保育所における保育中の死亡・障害事故の分析・検討(1)—独立行政法人日本スポーツ振興センターのデータを利用して—」『東海学園大学研究紀要』19号　2014年　pp.47-63
2) 長谷川憲一「幼児の保育中の「ケガ」に関する調査と報告」『静岡県立大学短期大学部研究紀要』9号　1995年　pp.273-279

第2部 実践編

環境を通した活動の実際

1 環境にかかわる子どもの姿

　第1部基礎編で、保育における「領域・環境」の意味を理解されたことであろう。実際に子どもたちとかかわるときには、所属する施設に準拠して定められた幼稚園教育要領、保育所保育指針、幼保連携型認定こども園教育・保育要領を踏まえて立てられた園全体の計画から、それぞれの年齢に則した指導計画を立てて保育を進めていく。
　第2部実践編では、領域・環境の知見を活かして構成していく保育の実際について考えてみたい。

(1) 発達にふさわしい環境を構成するということ

　環境を構成するに際して、第一に大事なことは、今、目の前の子どもたちが、どのような発達の過程にあるかをとらえておくことが必要である。
　幼稚園教育要領で、領域「環境」のねらいの(2)にあげられている「身近な環境に自分から関わり、発見を楽しんだり、考えたりし、それを生活に取り入れようとする」から見ると、さまざまな過程をたどって発達していく子どもたちの環境へのかかわり方は、一様ではなく、一人ひとり異なっている。乳児期初期では、目にふれたものを手元に引き寄せて口に入れて確かめようとしたり、手元に引き寄せて感触を楽しみながらかかわろうとしたりする。そして、月齢が高くなるにつれて、周りにあるものを使って遊びを展開していったり、工夫したり、創造したりして、さまざまな環境とのかかわり方が見られてくる。また、同じ月齢であっても、その子どもが、今、心身のどの側面の発達過程にあるかを考えていくことも大事である。たとえば、乳児クラスといっても、低月齢の子どもが多い集団と、高月齢児が多い集団の場合では、構成していく環境は異なってくる。
　保育に取り入れている積み木について考えてみよう。目にする積み木に手を伸ばして感触や感覚を通してかかわろうとしたり、机の上に持ってきて乗り物に見立てて滑らせて楽しんだり、高く積み上げては崩れる様子を見て歓声をあげ、積み上げては崩す行為を繰り返して楽しんだり、積み木の形を意識してなにかに見立ててながら組み合わせていくことを楽しんだりしている。「積み木にかかわって遊ぶ」と表現される子どもの行為は、目の前の子どもの発達がどの過程にあるかによってさまざまな姿を示している。

1 環境にかかわる子どもの姿

　第2部実践編では、今、目の前にいる子どもの発達しつつある状況を踏まえて、環境にかかわって遊び出す子どもの姿を想像しながら環境を構成するということを具体的に学んで、実践の場に臨める力をつけていってほしい。

　次に大事なこととして、子どもたちの言動が、どのような育ちに向かっていくかを考え、見極める力をつけることである。

(2) 子どもの行為がどの育ちの芽になっていくかを見極める

　幼稚園教育要領、保育所保育指針、幼保連携型認定こども園教育・保育要領では、「幼児期の終わりまでに育ってほしい姿」として10項目をあげて、幼児期の子どもの育ちを共有している[※1]。

※1　第7章第4節の注1（p.112）を参照。

　そのなかで「自立心」の項目では、「身近な環境に主体的に関わり様々な活動を楽しむ中で、しなければならないことを自覚し、自分の力で行うために考えたり、工夫したりしながら、諦めずにやり遂げることで達成感を味わい、自信をもって行動するようになる」ことが明記されている。

　これらの育ちは、子どもたちの発達の過程においてさまざまな形で具現化されていく。保育者が構成し、提供している環境にかかわって行動する子どもたちの姿が、どの育ち（項目）につながっていくかを見極め、そのうえで、新たに環境を構成（環境の再構成）していってほしい。

　クラスの子ども、あるいは担当の子ども一人ひとりの姿を思い浮かべながら、それぞれの子どもたちの育ちを支援して保育を進めていくことが、専門性を有している保育者に求められるのである。

　ここでは、散歩で公園に出かけた姿を思い浮かべながら、「自立心」の側面から考えてみたい。

　散歩に出かけた子どもたちは、公園に着くと同時に、ブランコやすべり台、ジャングルジムなどの遊具や、植込みの自然にかかわって遊びだそうとする。公園についた時の子どもたちによく見られる姿である。子どもが自立して遊びに向かおうとしている姿でもある。しかし、時には、子ども自らが遊びだそうとする行為を制御しようとする保育者の抑止や禁止が多く出て、主体的に活動しようとする子どもの意欲、つまり遊びを通して育っていく自立性をつぶしてしまっていることがある。その結果、「すべり台で遊んでもいいの？」とか「ジャングルジムに上ってもいいの？」とか、自分が起こす行動について、いちいち保育者の許可を求めなければ動けなくなってしまう。もちろん、子どもの安全・安心を考えたら、なにもかも容認してよいということではない。子どもの発達に合わせて調整していかなければならない。この

ような子どもや保育者の動きは、保育の中でよく見られる場面である。園外に限らず、園内での活動においても、自立に向かおうとしている育ちの芽を踏みつけてしまってはいないだろうか。保育室で、目の前の棚にあるステープラーを見つけた子どもが持ち出そうとして禁止されたり、太いマジックを出して絵を描こうとして止められたりする。周囲の環境に自らかかわって動き出そうとする子どもの行為がつぶされているのである。子どもの主体性を大事にして、保育者が禁止することのないようにするためには、まだ手にしてほしくないと思うステープラーやマジックは、子どもの目にふれないところにしまうことである。自立へと向かう子どもの発達の芽を伸ばすのも摘み取るのも、保育者の配慮一つなのである。

(3) 一人ひとりの子どもの育ちの側面を理解する

子どもたちの育ちは決して一様ではない。同じ環境にかかわっていても育ちの側面はさまざまで、保育者は一人ひとりの子どもに、適宜に対応していかなければならない。

たとえば、ダンゴ虫にかかわる子どもの場面を想像しながら考えてみよう。

> **事例　子どもと自然とのかかわり**
>
> 園庭の片隅で見つけたダンゴ虫数匹を、乳児のマナが手のひらにのせてじっくり見た後で、何も言わず（言えず）に隣のエミの前に手を差し出して見せようとしている。この時、保育者は、子どもの内面にどのような育ちを読み取るであろうか。子どもとともにダンゴ虫が動いたり丸まったりしていることを見た保育者は、「ダンゴ虫、丸まったり伸びたりして、元気だね。マナちゃんと同じように生きているんだね。やさしく触ってね」と子どもの手の平にいるダンゴ虫が生きていることを意識づけて、「自然との関わり・生命尊重」につながる言葉をかけていく。ある保育者は、「マナちゃん、すごいね。ダンゴ虫〇個も見つけたんだ。もっといるかな？」と、数の意識につながる言葉をかけている。また、ある保育者は、隣のエミに見せようと、ダンゴ虫をのせた手を黙ってエミの前に突き出している姿に「ほら、マナちゃんが、ダンゴ虫見つけたんだって。エミちゃんに見てもらいたいのよね」と、まだ言葉にできないマナの思いを代弁してエミに伝えたりして、2人の間での「言葉による伝え合い」の実際をさりげなく示していく。

保育者は、それぞれに違う育ちの側面をとらえながら子どもたちにかかわっている。また、ダンゴ虫をきっかけにしてお互いが人的環境として作用し合い、マナとエミとのかかわりに発展して、やがて「協同性」につながって

1 環境にかかわる子どもの姿

いく芽が育っていく。

　理屈で子どもに働きかけていくのではなく、目の前にいる子どもの発達していく方向を見極めて、保育者が具体的な姿を示しながら働きかけているのである。

　ダンゴ虫にかかわるという子どもの動き一つにしても、自分からダンゴ虫を手のひらにのせていく主体的な動きや自然への関心、ダンゴ虫が丸まる姿からとらえる形の変容、他の子どもに見せたいという意思表示を受けとめて代弁し、「言葉による伝え合い」の実際を示しながら育てていく。

　一人ひとりの子どもの姿から、発達によって可能になってきた側面を見つけ出し、その芽を摘み取ることなく、子どもたちとのかかわり方を通して、どのように育てていくかが保育者に求められている。

　しかし、環境として構成した保育者の思いをはるかに超えて展開していく子どもたちの姿も出てくる。基礎編第5章にも述べられているように、テラスや廊下で思いがけない遊びが展開していくことがある。ごっこ遊びの展開を期待して設定した遊具を持ち出してきて、テラスでレストランを展開していったり、廊下にマジックと紙をおいて絵や文字を書きだしてメニューをつくりだしたりする。その姿を見て、テラスや廊下での遊びの展開を抑制することもあるかもしれない。しかし、子どもの主体的な行動を抑制する理由を自分自身に問いかけてほしい。

　基礎編第6章に、持続可能な考え方や行動の育ちが大切であることが述べられている。また、実践編6に後述されているスイカの事例は、まさに、自然とのかかわりをとおして持続可能性の育ちにつながっていく実際を示している。

　お弁当に入っていたスイカの種をまいてから、みんなで食べられる「本物のスイカ」になるまでに時間の経過を通して、どのような育ちが子どもたちの内面にとらえられるか。ある子どもは、スイカの成長を通して自然の不思議さや変化を感じ取っただろうし、ある子どもは皆で世話をすることを通して協働の意味を体得していったかもしれない。また、「皆で食べたスイカの味」は、食育として忘れ得ぬ思い出として心に残っていくであろう。

　実践編におけるそれぞれの事例には、「幼児期の終わりまでに育ってほしい姿」の10項目につながる育ちの芽がさまざまな形であらわれている。これらの事例を通して、じっくりと学び、保育を多角的・多面的にとらえていく力を培っていってほしい。そして、子どもたちの内面に育ちつつある芽を見逃すことなく、子どもを温かく支えて育てていってほしい。

2 乳児（0歳児・3歳未満児）と環境の事例

(1) 乳児（0歳児）と環境とのかかわり

●事例の概要

　1人で座れるようになったイクミだが、時々手が脇からちょっと離れ、体全体がプルプルと震えているときがある。自分で倒れないようにバランスをとっているようである。そんなイクミの前に音の出る玩具が置いてあった。その玩具は、たくさんのスイッチがあり、押すと音が出たり音楽が流れたりする。その中に1つだけ羽が回るとともに赤・青・黄色の電気がチカチカ点滅し、さらに音楽が鳴りながら振動するという、子どもには人気のある特別なスイッチが1つあった。イクミは、まだ1人ではスイッチが押せないので保育者は、スイッチを押してみる。音が鳴っても音楽が流れてもイクミの表情は変わらなかったが、ジーッと動かず耳を傾けているようであった。そこで保育者は、その特別なスイッチを押してみる。

> **事例1**　「ぶるぶるしているよ」（7か月）
> 　まだスイッチを押せないイクミに赤・青・黄色の電気がピカピカと光るところを見せてあげたくて、保育者はスイッチを押してみた。しかし、足元で光っているだけでイクミの目には入っていなかった。でも、イクミはジーッと止まったまま動かなくなった。スイッチが切れるとイクミがプルプルと動き出す。見えてはいないが、なにかを感じているのがわかった。ふっと見ると、その玩具にふれていた足や手からブルブルという振動が伝わっていったようだった。保育者は、もう1回スイッチを押してみた。イクミは、止まってジーッとしている。玩具から伝わってくる振動を感じ出していたのだった。すると次の瞬間、イクミは自分のおでこをその玩具にくっつけた。ジーッとして動かなくなり、そして振動が止まると顔を上げた。そこで保育者は再びスイッチを押してみた。すると今度は、その玩具に口をもっていってくっつけた。ジーッとしてブルブルするのを口で感じていた。振動が止まると、また顔を上げて何もなかったかのように座っている。保育者はまたスイッチを押した。イクミの動きが止まったと思ったらすぐに口を玩具にくっつけていった。よく見ると、今度は舌を玩具に押し当てていた。舌で振動を感じようとしていたのだった。
> 　保育者は、「イクミちゃん、ブルブルしているね」と顔を上げたイクミに思わず声をかけていた。

●考察・留意点

　スイッチを自分で押せる子どもにとっては、3色の光が点滅するきれいさに魅せられて、振動していることに気づかないこともある。視覚的に入りやすいが、イクミは、まだスイッチを押せない、玩具を動かして見ることもできないため、たまたま玩具に触れていた足や手から伝わり、振動していることに気づく。

　振動していることを確認するために、広いおでこをつけ、次に感じやすい口をつけ、もっと敏感に感じる舌（した）をつけて、振動を確認していく。0歳児の乳児は、未発達な部分が多いが、口や舌は毎日ミルクを飲んで味を感じたり、動かしたりしていちばん敏感に感じる場所である。その口や舌で振動していることを確認しようとした。

　ものとのかかわりは、幼児になると玩具で遊んだり道具を使って、こういう使い方もある、こうすると楽しいことができるという、行動しながらそのものを知っていく。0歳児の乳児は、自分の体のいちばん敏感に感じるところ口や舌でものをなめて確かめることから、ものとのかかわりが始まっていく。

　保育所保育指針には、1歳以上3歳未満児の「環境」に、「周囲の様々な環境に好奇心や探究心をもって関わり、それらを生活に取り入れていこうとする力を養う」とある。イクミが、ここでは玩具という環境に対して手や足に伝わる振動を、おでこ、口、舌をつけて確かめようとしている。そこには知りたいという好奇心や探究心があるからこそ、起こる行動である。そして自分の中に環境を取り入れて行こうとする力が、7か月になったばかりの乳児にもあるといえる。

　口や舌でものを確かめていくこの時期には、環境設定として、玩具や乳児がふれる棚や窓などを清潔に保つ必要がある。保育所では、数名の子どもが同じ環境の中で、ものをなめてものとかかわろうとしているので、感染症などを防ぐ意味でも必要である。

■演習課題
・乳児が玩具や棚・窓をなめている場面に出会ったとき、あなたならどういうかかわりをするだろうか。
・0歳児クラスの環境設定に大事なことは何だろうか。

(2) 乳児（2歳児）と環境とのかかわり

●事例の概要

　園庭にある築山の階段とすべり台との間に小さな庭のような場所があり、木や草が植えてあった。その中におじぎ草が生えていて大きく伸びていた。乳児クラスの子どもたちも触ると動く草に興味を示していた。幼児組の子どもたちが触ると葉っぱが閉じていくのを傍にいてジッと見ている姿がよく見られるようになった。その日も3、4人がおじぎ草の前にいた。保育者がおじぎ草を触って見せると、コウスケもまねして触ってみる。するとおじぎ草が閉じていく。その隣で見ていたモトナリは、動き出す草が怖くてふれられない。でも、気になっておじぎ草の近くから離れられないでいる。

> **事例2**　おじぎ草「寝んね」（2歳5か月と2歳3か月・9月）
>
> 　今日もおじぎ草が生えているところに、子どもたち3,4人が見ていたので、保育者が「これ、"いい子、いい子"してあげると"寝んね"しちゃうよ」と言って触って見せると、おじぎ草は次々と葉が開いて倒れていった。それを見て、コウスケは自分から触ってジーッとおじぎ草が閉じていくのを見ている。その横でモトナリは、動く草を見て後ずさりをしていた。後ずさりするけど気になるようで、また近寄ってきて見ている。コウスケは、「寝んね！」と言ってそこにあったおじぎ草を全部寝かせてしまった。それを見てモトナリは、おそるおそる触ってみる。おじぎ草は、ゆっくりと閉じ、ゆっくりと倒れていった。それを見るとやっぱり怖かったのだろう、保育者のエプロンにしがみつき、後ろからのぞいている。でも気になって目が離せない。そしてもう1回、そっと触ってみる。ゆっくりおじぎ草が閉じていくのを今度はジーッと見ていた。そして隣の葉っぱも触ってみると、ゆっくり閉じていくおじぎ草に近づいて行って見ていた。そこまでいくと怖さよりもおもしろさのほうが勝ったのだろう。1つひとつ葉っぱにふれ、全部寝かしてしまうとますますおもしろくなってきたようだった。もう保育者などいなくてもよくなったようで、1人で触りまくり、ジーッと見ている。保育者はその姿をちょっと離れて見ていた。
>
> 　すると、近くにいたA先生の手を引っ張って来て、おじぎ草を指さして見せているではないか。2人でおじぎ草の前でしゃがみ込み、そしてモトナリが触って寝かして見せている。A先生がニッコリ笑って一緒に触って「寝ちゃったね」と言うと、モトナリは、「寝んね」と言って嬉しそうにし、2人でジーッとおじぎ草を見ていた。
>
> 　その後、A先生がいなくなり1人になっても、モトナリはおじぎ草の前から立ち去ろうとしなかった。座り込んで、飽きることなく見続けていた。そのとき、隣の丸太の上にプリンの空きカップが置いてあり、モトナリはそのカップを持ってきて赤い実を入れた。そしてカップを持っておじぎ草のところに行ってしゃがみこんだと思ったら、そのカップをおじぎ草に差し出していた。モトナリは、友だちになったおじぎ草にプレゼントをしたのだった。

●考察・留意点

 おじぎ草はちょっと触っただけで大きく変化していくので、乳児にもわかりやすく、おもしろい草である。それだけに動く草を怖いと思ったモトナリの気持ちもわかる。しかし怖いと思いながらもおじぎ草の傍から離れなかったのは、動く草への関心があったからであり、草をもっと知りたいという好奇心・探究心があったからである。

 モトナリは同じクラスのコウスケや保育者が触っているところを見て、自分も触ってみたいと思った。一度触ってみると怖さよりも関心のほうが上回ったのであろう。1つひとつ触って寝かしていった。

 全部おじぎ草を寝かしてしまったときには、おじぎ草は興味を強く魅かれる草から親しみを感じる草になっていったのであろう。だからこそ、仲良しになったおじぎ草にカップを差し出してプレゼントしようとしたのである。

 モトナリにとって、おじぎ草は怖いもの、強く興味を魅かれるものから親しいものになり、カップをプレゼントするぐらいにまで仲良くなった。友だちになって一緒に遊ぼうとしたのかもしれない。

 保育者は、おじぎ草に怖がっているときは、モトナリの傍にいて怖いという気持ちを受け止めながらおじぎ草を触って見せて、怖くないということを伝えている。しかしおじぎ草に触れられるようになって自分からかかわっていくようになったときから、保育者は少しずつ離れて、おじぎ草とモトナリとの関係性を深められるようにしていった。モトナリが、傍に居たA先生におじぎ草のことを教えたり、おじぎ草にカップをプレゼントして自分で世界を広げていっているのを離れたところから見守っている。保育者は常に傍にいて、かかわりを多くもつだけではなく、子どもの何を大切にするかによって子どもとの距離感を考えていくことが重要である。

●事例の概要

 この「おじぎ草」の話には続きがある。暑い夏が終わり、すでに秋から冬になってきたときのことである。園庭には落ち葉が積もっている。そんなある日、園庭に出ると、モトナリが走って保育者のところに来ると、急に保育者の手を引っ張ってあの築山まで連れて行ったのである。

> **事例3** おじぎ草の冬「寝んね」(2歳8か月・12月)
> 2人で築山に行くと、モトナリが、「寝んね」と落ち葉がいっぱい溜まっているところを指さして言った。保育者は一瞬「？」と思ったが、そこはおじぎ草が生えていた場所だった。今は枯れてなくなり、そこに落ち葉が積もっている。こんなに風景が

> 変わっても、あの夏の日におじぎ草と仲良くなったことを覚えていたのだった。落ち葉をかき分けながら保育者は、「おじぎ草、今度は土の中で寝んねしているんだって。また暖かくなったら出て来るよ」と言い、モトナリと一緒におじぎ草のあった場所をひととき眺めていた。
> 　あのときの出来事は、こんな小さな子どもの中にも深く残ったのかと思うと、保育者はモトナリの手を握りしめながら、感動で心が揺さぶられた。

●考察・留意点

　夏から秋そして冬になって、緑の葉っぱもなくなり地面は枯葉でいっぱいになって園庭の風景もすっかり変わってしまっていた。そのため、保育者がおじぎ草のことはすっかり忘れていたのに対して、モトナリは覚えていた。おじぎ草と仲良くなった過程は、それだけモトナリにとって大きな出来事であったことがわかる。

　季節は変化していったが、モトナリとおじぎ草との出来事は変わらずにモトナリの心の中に残っていた。夏に一緒におじぎ草とかかわった保育者を引っ張って連れて行ったのは、おじぎ草と共にそこにいた保育者という存在はモトナリの中では変化しないで残っていたのである。

　2歳児でも、おじぎ草という自然環境に深くかかわることによって豊かな心が育まれていくことがわかる。

　モトナリと一緒におじぎ草のあった場所をひととき眺めていたのは、モトナリの中にこれからもこのおじぎ草のことが思い出に残っていくようにという願いがあったからである。また、保育者としてもモトナリとの大切な思い出を心に刻んでいた。一緒に活発に遊ぶこともあるが、こういうひとときを大切にすることも重要である。

> ■演習課題
> ・植物や虫など自然にふれあわせたくても、怖がって接しようとしない子どもがいたら、どんなかかわり方をするだろうか。また、関心を示さない子どもには、どんな環境を設定すればよいだろうか。
> ・乳児が季節（春・夏・秋・冬）に親しめるようにするために、どんなものや環境を用意するだろうか。その環境とどんなかかわりをもてたらよいだろうか。

3 友だちとの遊びを広げながら育つ事例

(1) 友だちとのかかわりによる遊びの広がり

●事例の概要

　登園した子どもたちは、昨日の遊びの続きを始める子や、友だちと遊びの相談をする子などさまざまである。この園では、1か月後に運動会が予定されているが、保育者が運動会の種目を教える姿はなく、また1つの種目をクラスの子ども全員でひたすら練習をするという保育内容も行っていない。そのため、日常の遊びの一つが運動会で行う種目として加わり、興味をもった子どもからその遊びが広がりを見せていくのである。このとき保育者は、子どもの遊びを見守り、注意深く子どもの思いを感じとっているため、一人ひとりの子どもに応じた援助を行っている。

> **事例1**　「踊るのって、楽しいね」（5歳児）
> 　アカリは、運動場の中央で頭を下げてしゃがみこみ、まったく動こうとしない。どうしたのかとのぞき込むと、アカリの表情は真剣そのもので、手には青いスズランテープでできたポンポンを握っている。この姿を見ていたユイも急いでポンポンを取りに行くと、アカリの傍で体を動かし始めている。ユイもこの遊びに加わることがわかったアカリは、ちらりと見ただけで、また下を向いたまま身動きしないで待っている。周囲の子どもたちは、興味のある遊びに没頭しているため、アカリの動きに気づく様子はなく、一向に反応することもなかった。
> 　この様子を別の角度から見ていた保育者は、アカリとユイの思いに気づき、運動場に向けてダンス曲をかけた。曲が流れると同時にアカリとユイは、全身で喜びを表すかのように踊りだす。砂場で遊んでいた3歳児の子どもは、踊りだした2人の姿を振り返って見ると、使っていたシャベルやバケツを持ったまま身体を揺らし始めた。さらに部屋にいた5歳児の子どもたちにもダンス曲が聞こえたらしく、声を上げながらテラスに飛び出すと、アカリやユイの踊る姿に共鳴するように踊りだした。
> 　ダンス曲が進むにつれアカリやユイの周りには、ダンスに興味を持った子どもたちが吸い寄せられ、さまざまな年齢の子どもたちが踊りに参加していった。

●考察・留意点

　曲が流れていない状態でありながらアカリが身動きせずに待つ姿は、踊ることへの興味の深さや、イメージの世界に没頭していることがわかる。また

誰かに言われて練習することではなく、自らが「やってみたい」と思うことを選択できる環境であることは、遊びの主体が子ども自身にあることも見ることができる。このとき、子どもが興味を示していない状態で保育者が曲をかけたならば、保育者の意向に強く押し出され、子どもの遊びは保育者の思いに左右されてしまう環境となったであろう。

遊びの過程には、周囲の子どもたちが一人の友だちの動きや、その遊びの行方を見つめている場面がある。直接的に友だちとかかわることだけが関係性を深めているのではなく、友だちの動きに興味を示し、その姿に影響を受けて遊びが展開されていくものもあることを心に留めておきたい。

また運動会といった年中行事については、子どもの生活や遊びが中断されることのないよう、各園でさまざまな工夫がなされている。これは保育者が中心となって教え進める援助の形ではなく、子どもたちの中から興味が生まれ、周囲の友だちへ遊びが広がりを見せていく過程は、子どもの育とうとする力を保育者が十分に信じ受け止めているあらわれでもあるといえよう。

■演習課題
・一人の子どもの興味や関心がどのようにして周囲の友だちの遊びへと展開されていくのか、これまでの体験をもとに考えてみよう。
・人的環境としての保育者はどのように子どもの思いに共感しているのだろうか。

---

(2) 友だちとのかかわりによる遊びの継続

●事例の概要

ハルカは、1歳8か月を過ぎたころから砂遊びに興味を持つようになり、園庭に出ると必ずバケツとシャベルを持ち、砂場へ向かう子どもであった。初めは、砂場に行くと足を投げ出した状態で座り込み、シャベルで砂をペタペタとたたくだけで、十分に満足そうな表情を見せた。ようやくシャベルに砂をすくい入れる作業ができるようになると、根気よくシャベルを動かして遊び、毎日のように繰り返し続けられた。このとき周りには多くの友だちが遊んでいたが、砂遊びに集中しているハルカはまったく気にかける様子は見られなかった。

3 友だちとの遊びを広げながら育つ事例

事例2 「私にもプリンがつくれたよ」（2歳児）

　2歳児クラスに進級したハルカは、その日も砂場に座り遊び始めた。現在一番の関心事は、カップでつくる砂のプリンである。カップに砂を入れ、くるりと返すと「できた」と言わんばかりにニヤリと笑う。そして、また次のプリンづくりに向かうという繰り返しである。しかし砂は湿っていないためプリンの形にはならず、小さな山ができるだけである。それでもハルカは、達成できたかのように喜んでつくり続けている。
　ところがハルカのすぐ近くで4歳の子どもたちが砂のプリンをつくっていることに気づいたのである。慎重につくられた砂のプリンは美しく、丁寧に並べられていることから、4歳児の心意気が伝わってくる。これを見つけたハルカは、砂のプリンを隅からシャベルでつぶして歩いた。時間をかけてつくっている4歳児にとっては、小さな友だちと理解していても納得できず「ハルカちゃんが全部つぶしちゃう」と保育者に訴える子や「だめ！」と直接ハルカに言い聞かせる子もいる。ハルカは何を怒られているのかわからない様子で、嬉しそうに4歳児のつくる様子を眺めていた。
　それからハルカはいつもと変わらず砂場で遊ぶのだが、このときから4歳児の動きを少しずつまねるようになった。相変わらず土は湿っていないが、カップに土を入れると4歳児がする動きと同じように、カップの淵をたたいている。また一段とおいしいプリンができることを期待しているかのように、真剣な表情で砂に向かっていた。

● 考察・留意点

　子どもは長い期間にわたり継続した遊びはできない、あるいは一定の年齢に達しなければ継続した遊びはできないと考えている人は、少なくないであろう。しかし、子どもとともに生活をしていくと、子どもがさまざまなもの・こと・人に興味を持ち、これを遊びへ展開していく姿を見ることができるのである。すなわち子どもの好奇心や探究心の芽が、すでに乳児期からあることを確信し、子どもの心の動きを見逃さずに受け止めていく保育者の視点が重要であることに気づく。
　2歳のハルカにとって「砂」は自身の思いを受け止めてくれる存在であり、充実感の得られる遊びであったことが事例から読み取れる。そして「砂」というものの性質に興味が芽生えたからこそ、繰り返し砂にふれ全身でかかわろうとしたのであり、その結果、継続した遊びにつながったと思われる。こうした子どもの身近にある自然物や素材遊びは、一人ひとりの子どもの育ちに無理なく順応していくことができることも忘れてはならない。
　さらに年上の友だちのかかわりが、ハルカの「砂」に対する思いを膨らませる一つの要素となったことがわかる。4歳児の遊ぶ動きは、ハルカの好奇心や探究心をさらにかき立て、試したり工夫したりする楽しさや不思議さを生み出していったと思われる。このような2歳児の遊ぶ姿から、周囲の友だちの遊びをよく見つめ感じる力があることや、好奇心や探究心をもって遊び

第2部 実践編―環境を通した活動の実際―

を展開し、継続していく力が育つ過程を知ることができる。

> ■演習課題
> ・ハルカにとって4歳の子どもたちはどのような存在だろうか。異年齢の友だちとのかかわりは、子どもにどのような影響を与えるか考えてみよう。
> ・2歳のハルカはどのような思いで「砂」と向き合っていたと考えられるだろうか。

(3) 友だちとのかかわりによる遊びの継続と広がり

●事例の概要

園庭には、十分に走り回ることのできる運動場や砂場・固定遊具・草木などの遊び環境が整えられ、子どもたちは各々の興味のある遊びを展開していた。しかし保育者間の話し合いを通して、さらに子どもの遊びが深まり展開されることを願い、築山を設置することになった。大きな築山が園庭につくられると、それまでに遊んでいた園庭の情景は一変し、新しい遊びを期待する子どもたちに目の輝きが見られた。

初めて築山に登った子どもたちは、その見晴らしに声を上げて喜び、登っては降りて築山を楽しんでいた。その後、築山での子どもたちの遊び方は年齢によっても異なり、また友だちとのかかわり方も少しずつ変化していった。

> **事例3**　「僕、もっとおもしろい遊び考えたよ」（4歳児）
>
> 園庭にある大きな築山は、子どもたちにとって絶好の遊び場となった。平坦な広場で遊ぶ活動とは異なり、登ることで景色は刻々と変化し別空間となる。そのため登っては降りることの繰り返しであったが、一向に飽きる様子がなかった。しかし、初めはただ歩いて下ったり滑り降りたりしていた子どもたちが、徐々にものを活用するようになった。
>
> まずは自由に使うことのできるダンボールを保育室の倉庫から持ち出すと、板状のダンボールにまたがって滑り降りた。これではバランスがとりにくいと感じた子どもたちは、数人で意見を出し合っている。そのうちにダンボールを箱状にしたまま体を入れると、両足は外側に出して滑り降りた。この形は足で速度を調節できるが、乗り降りが面倒であったようだ。別の日になると、ダンボールはトンネル状にいくつかつなぎ合わせて置かれ、これをくぐって滑り降りる形に変化した。トンネルを滑り降りるうちに「ここにベラベラってつけたら、もっとおもしろいんじゃない？」と言い出したコウタは、急いで保育室にある材料を持って帰り、慌てた様子で手を動かした。その様子を見たユウキやリクも声をかけ合いながらつくり始めた。ダンボールのつなぎ部分には、幾本かのスズランテープがつけられ、出口部分には手描きのお化けがつけられた。あっという間に即興的な「お化け屋敷ジェットコースター」となった。

しかし、この一連の遊びの中では、ダンボールを支えている子どもが必要となり、それまでトンネルを支えていた子どもたちは、滑りたいのに滑らせてもらえないことでトラブルとなり、他の遊びへ移っていった。

● **考察・留意点**

　この築山での遊びは、初めて体感する築山という存在に、納得するまでかかわってみようという子どもたちの意気込みが伝わる遊びだった。

　まずは子どもがそれぞれに一人で滑ることを楽しみ、自信のない子どもは友だちの様子を観察することから遊びを受け入れている。「降りる」体験を味わい不安が少しずつ解消されると、遊びは次の段階に移行し、同時に友だちとのかかわりが生まれ、深められている。今回は、ダンボールを活用しさまざまな試行錯誤を重ね、その度に子ども同士が考えを出し合い、ぶつかり合いながら改善している。それまでの個々の不安は減り、友だちとのかかわりによって遊びは広がりを見せ、未知の遊びに対する期待へと変化していることがわかる。

　また、お化けの絵を遊びに加えた場面では、ものを加えることでさらに遊びが工夫され変化することを楽しんでいる。それまでに友だちと同じ体験をし、共感できた子どもたちは、ものを活用し、友だちと対話することによって、遊びはさらに多様に展開されていくことを実感するのである。

　このように子どもの遊び環境には、「友だち」という人的環境によって、一人では得ることのできない遊びの広がりや継続を体験することができるのである。遊びを通した友だちとのかかわりの中では、失敗やトラブル、面倒なことも多く体験するが、一人ではなく友だちと共に乗り越えることで喜びや楽しさを体験できる。子どもからわき起こる衝動は、周りの子どもたちの好奇心や探究心も刺激し、主体的な遊びへ促していくのである。そのため保育者は、子ども自身がやってみたいと考えた遊びを繰り返し、納得するまで継続できる場所と時間を確保することを心がけたい。また、遊びの内容や過程を保育者が細かく管理し設定している場合も多く、子どもが主体となって遊びに没頭できる環境を常に検討し、改善していきたい。

■ **演習課題**
・友だちとのかかわりをつなげるために、保育者はどのような援助が必要だろうか。
・子どもたちが自発的な遊びを展開するとき、保育者はどのような危険や事故を予測しているだろうか。

4 子どもと保育者、異年齢とのかかわりの中で育つ事例

　環境特に人的環境は、子どもにとって、また保育者にとって重要な意味をもつ。ここでは保育者や異年齢とのかかわりの中で互いに影響し合い育つことを、事例を通して学んでいく。

(1) 子どもと保育者の信頼関係の構築

●事例の概要

　ある保育園の3歳児クラスは、新入園児10名を加え16名（男児10名、女児6名）の子どもたちがいる。4月当初、新入園児は環境の違いに戸惑い、不安からか「お母さん」と泣いたり、立ち続け傍観したりしている。継続児も担任や保育室が変わり、落ち着かない日々を過ごしている。保育者は、信頼関係を構築するために一人ひとりにかかわりをもつことを心がけ、子どもたちができるだけ早く園生活になじみ、安定した日々を送れるようにしている。

　保育室は、子どもが気に入った遊びが展開できるよう各コーナーに分け、数人で遊ぶことのできる環境構成を行った。ままごとコーナー、その隣に絵本コーナー、ブロックコーナー、パズルの棚、製作活動用に机を配置し、16名の子どもたちがそれぞれのお気に入りの場所を見つけられるようにした。

　また、泣いている新入園児の気持ちを和らげようと保育室中央に机を配置して金魚の水槽を置き、金魚に興味関心をもち、なごめるようにと椅子を配置した。そうすることで、泣いていた子も保育者と金魚を眺め、周囲の子が遊んでいる様子を見て徐々に落ち着きを見せ、遊ぶようになってきた。ジュンヤもその一人であった。落ち着いて遊ぶのではなく、保育室にあるものを次々に出してきて広げては、テラスに走り出し再び戻ることを繰り返している状態であった。

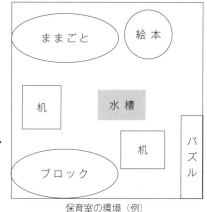

保育室の環境（例）

4 子どもと保育者、異年齢とのかかわりの中で育つ事例

事例1 「だって先生がおらんかった」（3歳児）

　大型連休明けは「登園しぶり」が見られたものの、子どもたちには、一人ひとり4月に親しんでいた遊びに落ち着いて取り組む姿が見られるようになった。そんなとき、担任が研修に出かけることになり、代わりに補助として時々クラスに入る保育者が担当することになった。それぞれ思い思いの活動をしている中、保育者がトイレに行く子どもに付き添い保育室をしばらく明けた時、ジュンヤがブロックを金魚の水槽に入れて眺めていた。トイレから帰った保育者は「あら、金魚がびっくりしているよ。それはだめでしょ」とジュンヤに注意しながらブロックを取り出した。
　その後、保育者は全員を戸外で遊ぶように誘い出し、子どもたちは三輪車、追いかけっこなどそれぞれの遊びを楽しんでいた。おやつの時間になったので、みんなで片づけを終え保育室に入っていった。すると、先に保育室へ向かった子どもたちが「先生、大変。シューズがはけないよ！」とテラスで騒いでいる。担当者が保育室に向かったところ、テラスには数名のシューズがぬれて散乱していた。担当者が「どうしたの」とその場にいた子どもに尋ねると、「ジュンヤ君がやった」という答えが返ってきた。ジュンヤはニコニコ笑い、ピョンピョンその場で飛び跳ねている。足洗場に置いてあった水の入ったタライにシューズを入れては、テラスに投げていたとのことであった。ジュンヤに注意をして、シューズがはけなくて困っている友だちに謝るように促し、その日を終えた。
　翌日、引継ぎで状況を知った担任がジュンヤに昨日のことを尋ねると、「だって先生おらんかったもん」と一言。「いなかったらそんなことしてもいいの」と尋ねると、「だめだよ」と答える。その日の降園時、ジュンヤの母親は、昨日の謝罪とともに、ジュンヤが母親に「先生がいなかったことがつまらなかったのでやった」と告げていたことを話した。

●考察・留意点

　ジュンヤは新入園児で、4月当初はよく泣き、母親からなかなか離れられずにいた。担任は園に慣れるようにと一緒に金魚を見たり、三輪車へ誘ったり、鬼ごっこなどで遊んだりする時間をできるだけ多く持つように心がけてきた。入園して2か月近くが過ぎると、担任との信頼関係が徐々にでき、泣かずに登園するようになった。ジュンヤがようやく安心して過ごせるようになったころで、近所でよく遊んでいる子どもと活発に過ごすようになってきていた。人に慣れることに時間のかかるジュンヤは、時々補助として入る保育者とは信頼関係が築けていなかったのではないかと考える。そのことから、ジュンヤは担任がいなくなったことで不安になり、日頃と違った行動をとったのであろう。

　3歳児の一期は、保育者との関係性ができるころであり、担任の姿を確認しては遊び続けることが多い。また、担任のところに走り寄っては名前を呼んでもらい去っていくこともある。そんなとき、笑顔を返し、時には一緒に

第2部 実践編—環境を通した活動の実際—

遊ぶなどして、心のよりどころになるようかかわることが大切である。信頼関係の構築に向け、一人ひとりの子どもの心に寄り添い、個々の要求を読み解き、その要求に応じることにより信頼関係を築いていくことが大切である。

■演習課題
・子どもとの信頼関係を構築するために、あなたはどのようなことに気をつけるだろうか。
・3歳児の入園当初の保育室の環境構成を考えてみよう。

(2) 子どもから刺激を受けて、保育のあり方に気づいていく

●事例の概要

　ある保育所では、4月1日より保育を必要とする子ども数十名を預かり、保育者は新入園児の入園準備をしながら同時に保育を行っている。入園式が4月5日に行われた後、クラス単位の保育が進められる。新任保育者は3歳児20名の担任となる。保育者は、排泄の自立ができていない子どもがいる中、日課に合わせて生活を進めていくことに日々奮闘している状態である。4月当初は補助の保育者が入り、生活面のサポートを中心に子どもたちにかかわっている。担任は落ち着かない子どもたちの姿に困惑しながらも、日々保育を進めている。しかし、子どもたちはなかなか落ち着かず、あちらこちらに遊具を散らかしては、保育室を走り回り、争いをするなど、担任はそれらの事後処理に追われる日々である。

> **事例2** 「私のほうを見て話を聞いてくれません」（3歳児）
> 　担任は、生活の流れの中で、持ち物の始末、排泄、遊び、お話、昼食など、区切りをつけて日課を進めていきたいと考えている。しかし現状は、登園時母親から離れず泣いている子を受け入れ、声かけをしながら片づけの時間となり、担任は「片づけましょう」「みんな、先生の話を聞いて」と声をかけるが子どもは聞いておらず、また、「片づけが終わった人はここに座ってね」と伝えると集まってくるものの、担任がいないことでまた散らばっていく。全員が集まるまでにはかなりの時間が必要である。担任の表情に余裕はなく、笑顔も消えている。
> 　その日の帰り、担任から園長に「子どもたちが私のほうを見て話を聞いてくれません」と相談があった。新任である担任は「一人に対応していると、もう一人の子がいなくなっています。どうしてよいのかわからない」という。園長は新任保育者に、あせる必要はないこと、「みんな」「ここに」などの言葉は初めて集団生活を経験する子どもにとっては理解が難しいことを伝え、毎日一人ひとりの子どもの名前を呼び、し

4 子どもと保育者、異年齢とのかかわりの中で育つ事例

てほしいことを伝えるよう心がけてみることをアドバイスした。
　1週間が過ぎた頃、担任に様子を聞くと、「子どもが話しかけに振り向き、話を聞いてくれるようになってきた。いろいろな話をしてくれるようになり、子どもから要求が出てくるようになってきた」とのことだった。また「今日は走り回っている子に対して、紙を丸めたステッキに紙テープを貼り付け、ゆらゆら振って見せると、ステッキを手に外に飛び出し、走って紙テープが風になびく様子を楽しんでいた。その様子を見て他の子もほしいと言ったので一緒につくったところ、みんなで一緒に走り楽しむことができた」と喜んで報告した。

● 考察・留意点

　新人保育者は日々の生活を進めていくことで精いっぱいであり、子どもは話せば聞いてもらえるものと錯覚をしている。今まで家庭で過ごしていた子どもは、「おかあさん」が信頼でき、いつも世話をしてくれ、頼れる、安心できる存在である。園生活でその代わりをしてくれるのが「先生」である。しかし、その「先生」の言葉は園生活で初めて覚えるものであり、子どもが「先生」を母親と一緒の存在と認識するには時間を要する。保育者が毎日いろいろな場面でかかわりをもつことで、徐々に近づいていくのである。

　たとえば、3歳児に「みんな、先生の話を聞いて」と言っても何のことかわからない。3歳児には、初めての園生活で集団の中の一人であることを理解することは難しい。「園に慣れる」ことを目標に、子どもの要求は何かを読み解き、寄り添いながら信頼関係を構築していく。一人ひとりの名前を呼び、トイレに行くことや、食事の前の片づけであることを具体的に示すなど、子どもの動きに同調し、今の気持ちを理解し、楽しさを見出すようにすることが必要である。

　子どもの要求に応じることで、信頼を得ることができ、保育者側の要求にも応じてくれるようになる。そのためには、子どもの姿からから学ぶことを念頭に保育を展開していくことが重要である。今どんなことをしたがっているのかを子どもの姿から学び、環境を準備し、出したり引いたり、片づけるなど日々の努力が必要であることを感じ、保育者として成長していってほしい。とくに1学期は、どれだけ一人ひとりの子どもにかかわったか、気持ちを汲み取ったか、一人ひとりを理解したかが、2学期以降の園生活のあり方に大きく影響する。

倉橋惣三『育ての心（上）』
　自ら育つものを育てようとする心、それが育ての心である。世の中にこんな楽しい心があろうか。それは明るい心である。温かい世界である。育つものと育てる者とが、

第2部　実践編―環境を通した活動の実際―

互いの結びつきに於いて会い楽しんでいる心である。（中略）
　それにしても、育ての心は相手を育てるばかりではない。それによって自分も育てられてゆくのである。我が子を育てて自ら育つ親、子等の心を育てて自らの心も育つ教育者。育ての心は子どものためばかりではない。親と教育者とを育てる心である。

（『倉橋惣三選集第三巻』フレーベル館　1991年　「序」p.12より）

■演習課題
・4月の保育で大切にすることはどのようなことかを考えてみよう。
・3歳児に対し保育者はどうかかわるのかを考えてみよう。

(3) 小さい年齢の子どもが大きい年齢の子どもから受ける影響や刺激

●事例の概要

　ある園では4、5歳児の縦割り保育を行っている。日々の保育の中で、年中児（4歳児）は年長児（5歳児）の様子を毎日身近に見ている。年中児のなかでは「年長になったらいろいろな楽器を使い演奏ができる」「かっこいい年長さんのよう高い跳び箱に挑戦したい」と、年長児への尊敬やあこがれが育っている。
　今年も恒例の節分の日が近づいてきた。ここ数年は、山の向こうに住んでいる鬼から手紙が届き、それを機に、節分の日に向けて保育が展開していくようになっている。「今年も節分の日が近づいてきた。鬼の仲間になる子を探しに行く。待っていてくれ」。その手紙が玄関ホールにはり出されると、子どもたちは「鬼がやってくる」「それは大変」と、広告紙を使い丸めて、豆づくりを始める。年長児は昨年度の経験を互いに話し合い、鬼に対抗すべき案を考えている。

事例3　鬼をやっつけよう！　作戦会議（4歳児と5歳児）
　節分は園の伝統行事の一つで、正月遊びもおおよそ全体に行きわたった1月中旬に、郵便ごっこのポストに鬼からの手紙が届く。保育者とともに手紙を開け、鬼からの手紙を読み、どうするのかを話し合うことになった。
　昨年節分を経験している年長児は、「鬼が部屋にやってきたよ」「先生を連れて行こうとしていた」「怖いけど、年長さんがやっつけてくれた」などと経験を話している。その中から、「年長は僕たちだ」ということに気づき、「どうしようか」と女児を中心に作戦会議が始まった。年長児は輪になって鬼に対抗するための案を出している。年中児の女児が「マサルちゃん怖いよ」と訴えた。「大丈夫。ぼくたちが作戦会議をしたから」と言って慰めている。

年長児はその作戦を実行するための材料集めを始めた。「箱とひもがほしい」と保育者に要求し、材料が準備できると早速、製作が始まった。年長児が考え出した案は、鬼は豆が嫌いということで、入口に豆がたくさん入っている箱をぶら下げて、その先にひもをつけ鬼が通る時に引っ張ると、箱に入っていた豆が鬼の頭に当たるということである。年中児は年長児に「豆をたくさんつくって」と依頼され、せっせとつくっている。年長児はその豆を箱に入れ、入口につるす作戦を相談している。

● 考察・留意点

　日々の生活の中で年中児（4歳児）、年長児（5歳児）との関係性ができあがり、年中児はエプロンのひもを「結んで」と年長児に頼み、郵便ごっこでは手紙のあて名を書いてもらうなどのかかわりをもっている。年中児は年長児にあこがれをもち、信頼し、頼りにしている姿が見られる。その年中児も翌年になれば年長児となり、今までの年長児を意識し、年長児として成長する。縦割りでの生活は、日々の生活を積み重ねていく中で、園生活の伝承を自然に行っている。その中で、年長児は年中児に頼られていることや、年下に対するやさしさや思いやりなどを経験を通して身につけ、年長児としての自覚や自信につながっていく。保育者は単に見守るだけではなく、生活のその時々に合わせた助言や課題を与え、環境を整えていくことで、それらがより強いものになっていく。子どもの生活は遊びそのものである。

■ 演習課題
・節分とはどのような伝統行事かを調べてみよう。
・実習の場面で小さい年齢の子どもが大きい年齢の子どもから受ける影響や刺激の事例を話し合ってみよう。

(4) 大きい年齢の子どもが小さい年齢の子どもから受ける影響や刺激

● 事例の概要

　2月に入り小学校の1日入学体験を経験し、家庭ではランドセルや机など小学1年生の準備が整い始めている。小学校入学ということがもうすぐ卒園するという意識から、クラスみんなで小さい子にお楽しみ会を計画しようということになり、それぞれグループに分かれ話し合いが始まった。

　モグラたたきを経験した子の発案で、小さい子を楽しませてあげようとするグループ。お化け屋敷がいいというグループ。寒いから指あみマフラーのお店・首飾りなど、日々園生活で体験したことや遊園地など家庭での経験を

第2部　実践編—環境を通した活動の実際—

提案するなどして、会を盛り上げようと準備が始まった。

　そんな中、お化け屋敷トンネルグループが大きな箱を用意してもらい、自分たちで中に入りどうしようかと相談をしているときに、偶然、保育室に遊びに来た未満児クラスの子ども6名がそれを見つけた。未満児クラスの子どもたちが「中に入りたい」と言ったため、「まだできていないけれど入ってもいいよ」と年長児の子どもが言い、中へ導いていた。トンネル内に入った未満児の泣き声に驚いた年長児は「怖くないよ。大丈夫だよ」と言いながら慰めていた。

> **事例4**　「小さい子は泣き虫だよ」（5歳児と1歳児）
> 　未満児さんが泣いたことにびっくりしたお化け屋敷トンネルグループの年長児は、「小さい子がかわいそう」「泣く子は入れてあげないことにしたら」「それだったら、お楽しみ会は小さい子やれないよ」など話し合い続き、降園の時間となった。翌日また話し合いが始まり、なかなかいい案が出てこなかった。
> 　保育者が「赤ちゃんはどうして泣いたのかな」と声かけをすると、「暗かったから」「狭いのがいやなのかな」「トンネルが通れたらいいものがもらえるのはどうかな」などと、小さな子が参加できる方法の話し合いが続いていった。
> 　他のグループが着々と準備が進み形になっている様子を見て、マサトが「駄目だよ。そんな話ばかりでは」「暗いのがいやな子は明るくしてあげればいいじゃないか」と言ったことで、箱に穴をあけて窓をつくることになった。また、ミノルが「中に好きな絵を描いてあげようよ」と絵を描くことを提案し、絵を描くことが得意なヨシキとカズキが「お花好きだよね」「アンパンマンも好きだよね」などと話しながらせっせと描き始めた。
> 　穴の部分にはカラーセロファンを張って色を演出し、ところどころの穴はそのままにしている。マサトが、「この穴は『大丈夫だよ』と声かけをするところ」とほかの子に伝えている。そして徐々に完成に近づいて行った。
> 　1週間かけて完成し、小さい子を招待するお楽しみ会の開催の運びとなった。マサトは、小さな未満児のお客に入り口で「大丈夫だよ」と声かけをし、小さい子が入っていった姿に「やったよ、先生」と嬉しそうに報告した。

●考察・留意点

　年長児は日ごろ園で一番大きな学年として、小さい子よりも足が速く、力も強く、できることも多いということを自覚している。年長になった当初は園庭の中心にドッチボールのコートを描き遊び、三輪車、自転車を乗り回し、強さをアピールしていることが多く見られた。しかし、今では年下の子を意識し、やさしさや頼りになることを自覚し、保育者が今までしていた掃除やテーブルふきんの洗濯、遊具の整頓などが進んでできるようになった。また、

4 子どもと保育者、異年齢とのかかわりの中で育つ事例

異年齢保育ではないが、園庭での活動や、誕生会などの行事を通して、年下の子どもとのかかわりが自然にできている。

　上記の事例では、年下の子に対する思いやりから自分たちの発想を転換していくところが見られた。このお化け屋敷トンネルグループは、日ごろサッカー、ドッチボールと活発に遊ぶグループで、製作となると早々に完成してしまうことが多かった。事例では、年長最後の活動として、「小さい子たちが楽しめる会を計画する」という目的を意識し、いつになくがんばっていた。まだ話し合いの初期の段階で小さい子が泣いたことをきっかけに、あれこれ話し合い模索する姿に頼もしさを感じた。保育者は、なかなか作業が進んでいかないことで口をはさんだが、それがきっかけとなって進んだこともよい結果につながった。子ども一人ひとりの考えを活かしていくことが大切である。年長児として共同作業を展開していくときには、保育者は子どもの主体性に任せ、傍観者となることで子どもの考えを引き出すようにしていくとよい。子どもの要求に対して、提供し、不明瞭な部分を共有できるように助言していくことなどが必要と考える。

　初めの計画とは違ったものになったが、小さい子の姿から自分たちの思いを変更しつくり上げていった姿に、社会性や思いやりなどの大きな成長を感じることができた。保育者として子どもたちの考えを先読みしていくことも大切と考えるが、今の子どもの感性を大切にしながら、十分な時間と空間と仲間があることがいかに大切であるかを知った活動になった。

■演習課題
・実習の場面で大きい年齢の子どもが小さい年齢の子どもから受ける影響や刺激についてどのようなことがあるのか話し合ってみよう。
・3つの「間」について話し合ってみよう。

第2部 実践編―環境を通した活動の実際―

5 魅力のある屋外環境と屋内環境の事例

(1) 魅力のある屋外環境

　園における子どもの生活環境には、屋外と屋内がある。屋外には、基本的に、砂場やすべり台などの固定遊具があり、周辺には自然を配した植栽や樹木、果樹などで構成されている。このほか移動が可能な遊具（トロッコやフープ、ボールなど）や遊びをより豊かなものとなる素材（バケツや砂場の道具など）が、子どもの動線を考慮し配置されていることが重要である。屋外環境は、園の設置のあり方によって大きく異なる。基本的には、自然を意識した環境構成が重要であり、自然環境には、子どもが自ら遊びにかかわろうとする能動的な力を引き出す特性がある。最近は、池があったり、小川が流れていたり、より自然に近い環境が設置されている。

●事例の概要

　この事例は、1年に一回園庭の樹木を伐採した木で子どもたちが自然とかかわり、2人の保育者の言動によって、遊びの展開が異なる事例である。ここでは、保育者の人的環境のあり方を考えてみたい。また、砂場や土との遊びの広がりや植物の生長とともに、チョウを捕まえる事例などを紹介する。

> **事例1** 伐採木を活用した家づくり（5歳児）
> 　11月の終わりに、園庭の伸張した樹木を伐採して形を整える。今年も園庭の片隅に、伐採された樹木が山積みされていた。子どもが樹木に気がつき、園庭の中央に持ち出そうとして、マサルが「先生、あれ出していい？」と尋ねた。思わず「いいよ」と告げると、山積みした伐採の中から引き抜こうと足をかけ、引き抜くも抜けず、一番上の枝を引きずり下ろし、「先生、しばって」と背中を向けてきた。急ぎすずらんテープを取りに行き、背中にしばってあげると「ありがとう」といって走り去り、「忍者ごっこ」が始まった。仲間が次々とその姿を見て伐採木を持ち出し、戦いごっこが始まったが、危険が伴うため、「棒を振り回すのは、止めようね」と言うと、子どもたちは、戦いごっこをやめて、この遊びは消滅することとなった。
> 　同時に、もう一人の担任が伐採木を引き出し始めた子どもに対して「なにがつくれるかなー」と問いかけると、タクミが「じゃ、家をつくろうよ」と提案した。マサキが「それじゃ、シンちゃん、ここに持って来て」指示を出して、運び出す係と運び足した枝を家づくりの場所に運ぶ係、組み立てていく係に分かれ、家づくりが始まった。

5 魅力のある屋外環境と屋内環境の事例

> 家づくりにはそれぞれが意欲的に参加した。しかし、足場づくりでつまずき、「先生、持ってて」と言いながら土に穴を掘り、柱を立て始めたが、ぐらぐらして倒れてしまった。思わず、保育者は、アンカーを打つ込み柱を固定してあげた。子どもたちは次々と枝を持ち出しては大きさに合う長さを見つけ四隅をしばり、次第に家らしい形になると、自然とそれぞれが自分でできる箇所を受け持ち、友だちが枝をしばろうとしていて、先がぐらついていると、そっと手を添え押さえる姿が見られた。

● 考察・留意点

　保育者の一言によって、伐採木が子どもたちの遊びの道具として用いられていく事例である。子どもたちは山積みされた伐採木を見て、それぞれが遊びをイメージし活用しようとした。伐採された枝を引きずり出し、忍者の戦いを容認した保育者は、危険を察知し、振り回すことを制止している。そのため、その後の活動は「危険」という感覚が子どもの内面に芽生え、子どもたちは触ろうとしなかった。一方、「何がつくれるかなー」と問いかけた保育者に対して、子どもたちは「つくる」という言葉に反応して「家づくり」という遊びが生まれた。

　同じ環境下に置かれた子どもであるが、人的環境となる保育者の言動は、子どもの遊びを大きく左右することとなる。遊びを継続的に展開しクラス全体での取り組みに発展させていくためには、保育者の言動も注意したいものである。

■ 演習課題
　子どもの描くイメージを形としてつくり出せるようにするためには、要所での適切な援助や支援が必要である。子どもがしたいことをどこまで認めていくかについて話し合ってみよう。

事例2　身体で遊ぶ穴堀り遊び（4・5歳児）
　園庭の片隅に、子どもが自由に掘ることのできる縦横2メートルほどの場所がある。子どもが掘り始めると10センチ四方から次第に大きくなっていく。しかし、雨季や運動会が近づく時期は一次的に砂でうめられてしまう。すると子どもたちは、排水溝に向けて溝を掘り始め、溝に水を流し、溝に橋を架けて遊びを発展させていく。10月の運動会が終わると、5歳児のケンが「穴掘るぞ」といって、資材置き場から大人用のスコップを取りだし、数名と一緒に穴堀りが始まる。穴堀りを始めるきっかけは、4歳の時の穴堀りの楽しさを思い出して声をかけることを代々子どもたちが受け継いでいることによっている。堀った土は横に山積みされ、次第に深くなっていく。しかし、掘り始めると、周囲を崩して掘り上げていくために、次第に穴が大きな浅い穴となり、すり鉢のようになってしまう。

第2部　実践編―環境を通した活動の実際―

保育者も一緒に参加し始めると、穴はすぐに大きく深くなっていく。サトシとユウキが「なにかでてきた」「宝だ、宝」と歓喜をあげると、周囲の子どもたちが集まり出す。ノボルが「すげー、光っている」と思い思いに眺めて、宝探しが始まった。4歳のリンが「恐竜の骨見つけた」と周りの子どもたちに伝え合う合う姿が見られる。四季折々に発見する遊びは変化し、子どもたちを楽しませてくれる。秋には、すり鉢状の穴は落ち葉を一杯運び込んだ温泉に変身し、真冬には霜柱を掘り出し、「クッキーアイスだ」（形状が似ているため）と叫び、自慢げに見せ合う姿も見られた。保育者との協働作業で次第に穴が深さを増してくると横に掘り始め、穴をつないでトンネルをつくったり、起伏を利用して段ボールをそりのようにして滑り降りたり、板を持ち出し、橋を架けたりしながら、遊びを発展させていった。

● 考察・留意点

　始めは小さな穴だったのが、掘っていくうちに人がくぐり抜けられるほどの深さになり、橋を架けたり、落ち葉を活用した遊びを考えたりと、一つの穴からさまざまな考えが生まれる。数人の子どもが掘り始めた穴堀り遊びが園全体の子どもの遊びへと発展していくことは、環境構成として大切にしたい。一人ひとりが穴とかかわる思いは異なり、保育者にはその子の思いをくみ取りながら援助していくことが求められる。

■ 演習課題

　子どもの遊びを注意深く見てみると、場や空間を体で大きさや深さ、高さを測っている姿が見られる。子どもたちの遊びの中で、物や空間、場での体で測りとる行動を話し合ってみよう。

事例3　野菜や果実の収穫と喜び（4歳児）

　屋外には、季節によりさまざまな昆虫や果樹がなる。子どもの周囲には、果樹などもあり、色づく変化や大きさなどたくさんの学びが存在する。毎年、時期が来ると決まった場所に昆虫が集まり、子どもの好奇心をかき立てる。5月半ばを過ぎる頃から、園庭には、なすやキュウリなどの野菜が実り始める。子どもは、生い茂る葉の陰に着果した小さな野菜にまだ気づかない。屋外での遊びは動的なものが多く、静動的な遊びは比較的目立ちにくい。そのため、子どもが生い茂る葉の蔭にある野菜の結実に気づき、歓声をあげる声は保育者に届きにくいことが多い。
　4歳児のシンが「せんせー」と何度も呼ぶが、周囲の音に声が打ち消されてしまう。レンが「捕まえた」と大声で周囲の仲間を呼び集め、保育者が駆け寄ると、レンは、キャベツの葉に止まったチョウを両手で捕まえ、「早く、早く、持って来て」と入れ物を要求する。周囲の子どもたちは「何捕まえたの」とレンの手をじっと見つめている。ハルトが観察ケース棚に置いてあるケースをもってきて手渡すと、「ふたとって」

いい、素早い手さばきで一匹のチョウを観察ケースに入れることに成功した。レンは自慢げに保育室内に戻り、うさぎのエサのキャベツをケースに入れ、一日中持ち歩いていた。

●考察・留意点

　春先には、植物の生長が著しく、日々変化を感じることができる。このような結実前は花が咲き、昆虫類が園庭に集まってくる。子どもにとっては、好奇心がかき立てられる季節でもある。屋外では、思わぬ出来事に保育者の対応が必要となることが多い。この事例のように活動的な遊びに目がいきすぎると、静動的な行動の子どもが目に留まりにくい。全体を視野において個々の子どもの行動位置を把握し、だれが、どこで、何をしているかを把握しておくことが大切である。そして、突然の出来事にも、瞬時に対応できるよう素材や道具を用意して置き、子どもの遊びに対応していくことが求められる。

■演習課題
　植物を収穫して食することは、自然への恵みへの感謝を育てたり、幸福感が育つかかわりである。しかし、食べることをせず収穫することのみを楽しむ子どももいるが、こうした子どもへの対応について話し合ってみよう。

(2) 魅力のある屋内環境

　屋内環境には、保育室内や遊戯室、廊下やテラスなどがある。子どもにとっては、すべての空間が遊び場となる。たとえば、ピアノの下のわずかな空間も、子どもにとっては楽しい遊びの場である。遊びの中心となる場は、当然自分の居場所としての中心となる保育室である。保育室には、壁面に誕生日表や四季を表す製作や絵画などが掲示され、子どもが屋外から持ち込む飼育物が買われている。季節ごとに、チョウのさなぎやテントウムシ、ダンゴムシ、カブトムシなどが飼育されている。子どもにとっては、魅力ある環境である。そのほか、自分たちで遊びをつくり出すコーナーや、自由に遊びの道具をつくり出せる素材や廃材がある。こうした中で、子どもがイメージする遊びが生まれてくる。

●事例の概要

　6月の雨季の出来事である。園の貸し出しの傘立てから、ユウマがビニール傘を持ってきて、数名の友だちを引き連れ、外に雨音を聞きに飛び出して

いった。そして、帰ってきたときに、ぬれていない別のビニール傘に、リコたちが、折り紙を貼りつけ、カラフルな傘づくりの遊びが始まった。

> **事例4** カラフルな傘づくり（5歳児）
> 　年長児のユウマたちの透明な傘を見たリコたちは、折り紙の切り抜き遊びをしていたことから、ビニール傘をおしゃれな傘にしようと傘に飾りつけをすることになった。雨でぬれた傘をふき、3本の傘に飾りつけが始まった。それぞれが保育室内の素材コーナーにある折り紙、スズランテープ、粘着テープ、セロファンなどを思い思いに飾りつける。飾りつけが終わると、サナとナオが「先生、どこに飾る」と尋ねる。保育者は「どこがいいと思う」と語りかけると、「傘だからここ」と天井を指さした。保育者が天井にロープを張り、傘の取っ手を引っかけて「きれい、ねぇきれい」と見上げると、サナと周囲で手伝っていた子どもたちが「ねぇ、もっとつくろうよ」という。事務所からさらに3本の傘を借りてきて、「みんな、やろう」と呼びかける。外で雨音を聴きにいった仲間も参加し、クラス全体の活動へと発展していった。

●考察・留意点

　子どもたちの屋外の雨音を聴きたいとの思いからビニール傘を借り出し、雨音遊びを楽しんだことから、屋内の装飾遊びへと発展していった事例である。この活動は、外遊びと室内遊びがつながる活動としてとらえることができる。女児たちが、透明なビニール傘と自分たちが所有しているカラフルな傘を思い浮かべ、飾りつけてみたいと思う気持ちに保育者が寄り添っている。サナたちの思いをくみ取り、室内に飾りつけ、さらなる傘を借り出し、室内全体に飾りつけることを認めている。こうした保育者の支援や援助により、クラス全体での取り組みとなって、自分たちのクラス保育室が充実した環境として、一人ひとりの子どもの内面に満足感を与えている。

> **■演習課題**
> 　雨期は、突然の大雨や雷雨などで子どもたちの気持ちを楽しくしたり、不快にしたりする。子どもが描く一瞬の発想に対して、保育者が瞬時に対応することは大切なかかわりである。雨期の遊びについて話し合ってみよう。

> **事例5** 宇宙船ごっこ（5歳児）
> 　事務室にリョウがやってきて「宇宙図鑑ない？」と借りにくる。「図書室にないの」と尋ねると、リョウが「見たんだけど、ないんだよ」と困り果てたような顔をしたので、「それじゃ、先生が明日までに買ってきておくね」というとリョウは帰って行った。翌日リョウは登園するとすぐに事務室に来て、「宇宙図鑑あった？」と尋ねてき

5 魅力のある屋外環境と屋内環境の事例

た。図鑑を手渡すと嬉しそうに「ありがとう」といって走っていった。昼前にリョウが事務室にやって来て「DVDがあるんだけど、見られる？」と尋ねてきた。先生が、プロジェクターを設置し、クラス全員で見られるようにセットしたこの日からクラス全体で宇宙船ごっこが始まった。

　リョウは、翌日何枚もの設計図を描き、園に持ってきた。仲良しのショウタやシュンたちがリョウに、「ロケットをつくろうよ」提案して、保育室の片隅にウレタン積み木とベニヤ板を持ち出し、二階建てのロケットをつくり始めた。リョウは、設計図をみんなに示し、つくり方を指示し始めた。1週間が経過し、ロケットはスペースシャトルと名づけられ、室内が複雑になっていく。操縦席・パイロット席、そして乗客席と次第にでき上がり、リョウやショウタ、シュンたちとともに、ナナミ、ミサキ、ユイたちも、客席を飾りつけていく。そして、2週間が過ぎ、リョウたちが、さらに操縦席をリアルにつくり始め、クラス全体での取り組みに発展していった。1か月が過ぎた頃、コウタが、ビニールで宇宙服をつくり始めると、次々にみんなが宇宙服をつくり始めた。発泡スチロールを四角に切り、ビニールに貼りつけ酸素ボンベに見立て、鍵盤ハーモニカのリードを酸素ボンベのチューブにして、一日中園で過ごすことが多くなった。その後、この宇宙船ごっこは卒園まで続いていった。

● 考察・留意点

　この事例は、夏休みの宇宙博に参加した一人の子どもの発想から始まり、半年間も継続的な遊びとして展開されたものである。子どもの思いから始まり、その子の設計図を手がかりに、畳一畳ほどの大きさのスペースシャトルと宇宙服づくりに、保育者も援助を惜しみなく行った。毎日宇宙の中で過ごす保育は半年も続き、その間には、クリスマスの電飾を操縦席に張りめぐらし、パイロットが「しゅっぱーつ」といいながら朝の会に参加したり、土星や木星を張り子でつくったりしながら、遊びが継続した。この継続性は、保育者の肯定的受け止めが必要で、一つひとつできあがるたびに「いいね、いいね」と語りかけ、提案があるたびに「相談してみたら」と伝え、「ここは、どうするの」と気づかせるなど、適切な保育者のかかわりが長期間の遊びを支える原動力となった。保育室内のかなりのスペースを使い、日々過ごすことは、カリキュラム上難しいものがある。しかし、子どもの思いに沿い、実現させてあげたいと思う保育の姿勢と、その実現に向けた素材や道具を屋内環境として用意することも大切だろう。

■ 演習課題

　子どもたちの主体的な遊びの連続性を支えていくためには、保育者の援助が不可欠である。子ども同士をつなぎ、イメージを共有しながら遊びを展開し続けていくにはどのような援助が必要か話し合ってみよう。

6 生き物、自然現象とかかわる事例

(1) 生き物とかかわる事例

　保育の場には、ダンゴムシやバッタ、カタツムリなど、子どもたちとの生活と密接な生き物がいる。また、ザリガニやキンギョ、ウサギなど、子どもたちにはそれほど身近ではないが、保育の場で子どもたちがかかわり、世話をしながら育てる生き物もいる。さまざまな生き物とのかかわりは、子どもたちの「命を大切にしようとする心」や、人やものへ「かかわっていこうとする力」を育むものとなっている。

●事例の概要

　春には柑橘系の木にアゲハが卵を産みにやって来る。アゲハの幼虫を見つけた子どもたちが「育てたい」と話したことをきっかけに、アゲハを直接見たり触れたりしながら育てることで、命の大切さを感じたり、発見や驚きを探究心につなげていくことができると考えた。そして、保育室にアゲハコーナーをつくって育てることにした。

> **事例1　アゲハを育てたい（5歳児）**
>
> 　保育室前にある鉢植えの柑橘系の木①に、アゲハの小さな黒い幼虫を発見したソウスケは虫眼鏡でじっくりと幼虫を見ていた。マサヒロは「こっちにもいた！」幼虫を発見し、幼虫がついている葉っぱを取って、みんなに見せ始めた。「葉っぱをとっちゃだめじゃないか」というソウスケの言葉に、「大丈夫だよ、葉っぱあるんだから」というマサヒロ。その日は幼虫をふたつきのプリンカップに入
>
>
> アゲハの幼虫の名前
>
> れて帰った。翌朝、プリンカップの中の葉っぱが乾燥して色が変わり、幼虫は葉からカップの蓋に移動していた。マサヒロはミカンの木から新しい葉をとってきて、カップの中に入れた。
> 　絵本コーナーに飼育図鑑を何冊か出しておき②、「図鑑にアゲハの育て方も書いてあった気がするな〜」と幼虫を探している子どもたちのそばでつぶやくと、絵本コーナーに図鑑を探しに行き、アゲハの育て方が書いてあるページを見つけて、ソウスケとマサヒロが一緒に「飼育ケースが欲しいんだけれど」と相談に来た。図鑑を見なが

6 生き物、自然現象とかかわる事例

ら育て方を相談し、必要なものを子どもたちとともに探しながら、アゲハの幼虫を育てるコーナーをつくった。

　子どもたちは自分が見つけた幼虫に名前をつけて大切に育てた。アゲハをコーナーで育て始めると、いろいろな子どもたちが関心をもち始めた。さなぎから羽化すると、「すごいね」とカーテンに止まるアゲハを見つめていた。そして、それは<u>学級の関心事③</u>となり、育てていた子どももそうでない子どもも、降園時などにみんなでどう見守ればいいかを考え、最後には保育室の窓をすべて開けて、飛んでいくアゲハに手を振った。

　しばらくして、アゲハが園内に飛んでいると「会いたくて戻ってきたのかもね」と話す姿が見られた。

● 考察・留意点

　子どもたちの視線の高さから見える景色には、実にさまざまな生き物がいる。大人にとっては当たり前の景色でも、子どもたちにとっては新鮮な景色がたくさんある。そのことを保育者が意識をすることで、子どもたちが生き物に出会う環境を豊かにすることができる。

　保育室前のテラスに柑橘系の鉢植えを置くことで、春にアゲハを呼ぶことができる。アゲハの幼虫は変態をするため変化がわかりやすい。また幼虫のために食べる葉を用意したり、糞を始末したりすることを通して、身近な生き物を大切にするようになる。飼育図鑑を調べて育てることもできるため、自分たちの手で育てるという実感がもてる。子どもたちが自分で見つけた幼虫に名前をつけて育てたことからは、大切な存在として向き合っていたことがわかる。成長の様子をデジタルカメラで撮り、変化の様子を見えるように掲示することで、成長への見通しをもつことができる。それと同時に周りの友だちに自分たちの取り組みを伝える際の手立てともなる。

　実際に羽化する場面を目にすることもあれば、またうまく生まれない命に出会うこともある。どのような経過をたどっても、子どもたちはともに過ごしたアゲハが育つこと、そこに自分がかかわったことから、生き物への関心を深めていく。保育室前に「生き物を呼ぶ」環境を整えることも、環境構成の一つとして子どもたちにとって意味のあるものとなる。

■ 演習課題
- 下線部①と②で、保育者はどのような意図をもって環境を構成したのだろうか。
- 下線部③のように、共通の関心事にした保育者の意図はなんであったかを考えてみよう。

(2) 植物・栽培にかかわる事例

　生き物同様、子どもたちを取り巻く環境の中には手にとって遊びに取り入れることのできる身近な植物から、自分たちの手で育て、収穫しそれを食べるという活動につながる栽培物など、さまざまな植物・栽培物がある。

　子どもたちは、身近な植物を遊びに取り入れることを通して自然への探究心を、栽培物を育て収穫することを通して食べることや自分自身の生活との関係性への関心などを深めていく。

●事例の概要

　卒園した年長児たちからプレゼントされたキバナコスモスの種。キバナコスモスは遊びの中で子どもたちにとっては身近な植物であったことから、保育者は自分たちで育てたものを使って遊ぶことで、育つものの変化に気づいたり、その普遍性に気づいたりできるように、種をまいて育てることにした。

> **事例2** キバナコスモスと遊び（5歳児）
>
> 　進級した喜びと期待を感じながらの4月、卒園児がプレゼントしてくれた種を新年長児たちとまく。キバナコスモスの葉には特徴があるが、子どもたちが葉にふれる機会が少なかったせいか、芽を出してもキバナコスモスとは気づかない。そこで、キバナコスモスの写真を使って看板をつくったり、共通の話題となるようにしたりすると、徐々に成長への期待が高まってきた。そして、遊びに使いやすいように、園庭のあちこちへ子どもたちと一緒に苗を植え替え①、花が咲くのを楽しみにした。
>
>
>
> キバナコスモスのごちそう
>
> 　自分たちが植えたキバナコスモスの花が咲くと、これまでの経験や昨年の年長児たちが遊んでいた様子を思い出しながら、遊びに取り入れ、色水遊びやお店やさんごっこに花を取り入れる。2学期も半ばになり、キバナコスモスが種をつけ始めると「この種は年中さんにプレゼントするために採っておかないとね」②とつぶやく声が聞かれた。

●考察・留意点

　植物はその成長がゆっくりであるため、成長の見通しがもちにくい。しかし、プレゼントされた種であったことや身近な花であったことから、子どもたちは成長への見通しをもちながら育てることができたと考えられる。

花が咲くまでの成長過程については、子どもたちはそれほど関心をもっていなかった。そこで、一緒に写真を使って看板をつくったり、苗を植え替えたりすることで、花が咲くことへの期待につなげ、思う存分遊びに取り入れることができるようにした。種が再び花を咲かせるという普遍性に気づき、前年の年長児から引き継いだ種を、次の年の年長にも引き継ごうとする姿が見られた。成長の見通しがもちにくい植物については、写真などを使い、見ることで見通しにつながるような環境を整えることが必要となる。

■演習課題
・下線部①について、保育者が意図したことはなんだろうか。
・下線部②について、子どもたちの思いについて感じたことを書いてみよう。

●事例の概要

年長クラスでは、どんな種や実でもまいて育ててよい「なんでもプランター」を子どもたちと一緒に用意し、植物の成長を楽しむ環境をつくっていた。子どもたちは、園庭で見つけた種や木の実、弁当に入っている果物の種などなんでもまいて芽が出るのを楽しみにしていた。

7月当初に弁当に入っていたスイカの種を手にして「これまいたらどうなるかな」と子どもたち同士が話しているのを耳にした。保育者は、子どもたちと一緒にスイカを育てながら、自分たちの手で育てたものと、自分たちが食べているものとの関係について考えたいと願い、子どもたちと一緒にスイカを育てることにした。

事例3 本物のスイカだね！（5歳児）

しばらくすると「なんでもプランター」からスイカの芽が顔を出した。すると子どもたちは「スイカだ！すごい！」と期待を寄せた。つるを伸ばし、受粉した雌花が少し膨らみ始めた頃、登園すると小さなスイカが割れていた。周りに散らばる実を見て悔しがる子どもたち。「カラスに違いない」「スイカを守る」と空き箱で監視カメラをつくる子ども①、帰りにはネットをかけて守ろうと保育者も一緒になり考えた。夏休みに入る前、「先生守っておいてね」とスイカのことを心配する子どもたちも多くいた。そこで休業中は何度かスイカの成長の様子を写真に撮り、園のホームページに載せることにした。

スイカの成長

第2部　実践編―環境を通した活動の実際―

> 　夏休み明けに、直径15cm程になったスイカに驚く子どもたち。冷蔵庫で冷やしてクラス全員で食べた。一人ひとりの分は小さかったけれども「本物のスイカだね！甘い！」②と、自分たちで育てたスイカをおいしそうに食べる姿が見られた。

●考察・留意点

　スイカは知っているけれども、それがどのようにしてスイカになるかについては予想がつかない子どもたち。しかし、「なんでもプランター」という自分たちで育てることができる環境を用意することで、育てるということへの関心を深めることができる。

　変化が見えにくい植物への関心をつなぐためには、子どもたちとともに保育者が関心をもち続けること、大切にすることが必要となる。スイカをカラスから守るために監視カメラをつくった子どもは、大切なスイカを自分がいない時に守るための方法を懸命に考えた。その気持ちを周りが受け止め、どうしたらよいのかを考えるための環境づくりが保育者の役割となった。

　ここでも事例2と同様に、履歴が見えるようにデジタルカメラを活用した。夏休みを間にした取り組みではあったが、保護者からも「ホームページの写真を見て楽しみにしていました」との声も聞かれた。楽しみを共有するためにも写真は効果的であることがわかる。

　自分たちで育てたスイカを食べる子どもたちは本当に嬉しそうだった。小さなスイカではあったが、食べるものは育てることができるということを体験する機会となった。

■演習課題
　下線部①、②における子どもたちの気持ちを書き出してみよう。また、あなたならどのように子どもたちに向き合うかを考えてみよう。

(3) 自然現象とかかわる事例

　子どもたちは、保育の場で生活をしながら、四季折々の変化を感じている。春には草花の芽吹きを目にし、夏には虫たちの声を耳にし、秋には色を変える草木にふれ、冬には風の冷たさに体を震わせる。

　子どもたちにとって自然とは、自分を取り囲むすべての対象であるため、意識を向けなければ通り過ぎていってしまうものでもある。保育者にはそんな自然現象の中から、子どもたちと一緒に驚きや感動を見出すという役割が求められる。

6 生き物、自然現象とかかわる事例

●事例の概要

　年中クラスの寒い冬のある朝、前日に鍋でつくった土と氷のスープがテラスで凍っていた。テラスに氷ができていたことに驚く子どもたちの姿があったため、保育者は季節の変化や、身近な自然の変化を感じることができるチャンスだととらえ、遊びの中で氷にふれることができる環境をつくることにした。

> **事例4　氷できたよ（4歳児）**
> 　登園時に、テラスの前に置いてあった鍋に氷ができていることを発見した年中児。すぐに砂場からフライパンや鍋、お皿やカップなどをもってきて①、水を入れてテラスに並べ始めた。しかし、寒い一日なのに降園時になっても氷はできていない。そのままにして帰ると、翌日に氷ができている。「氷は夜にできるのかもしれない」と言う声もあれば、「寒いからできるんじゃない？」との声もある。「冷たい！」と言いながら氷を手にし「ああ！溶けちゃう」とその変化にも驚く子どもたちの姿があった。

●考察・留意点

　子どもたちは季節の変化を具体的な「もの」や「こと」を通して感じる。「氷」は普段接することが多い「水」の変化であるため、子どもたちにとって興味深いものとなる。夏にはふれることが心地よかった水が、冬には切れるような冷たさを感じさせる水になる。そして、凍ることもある。

　年中時に氷に出会った子どもたちは、年長になると今度は自分たちで氷をつくろうとする。どの場所においておくと凍りやすいか、色水は凍るのか、大きな氷はできるのか、園の生活で出会う自然現象を継続的に扱うことで、子どもたちは遊びの中で科学的な物事の考え方のおもしろさに出会う。そのために保育者は子どもたちの育ちの過程や興味関心に応じて、一緒に考えて取り組む環境、子どもたちが自分たちで考えて取り組むことのできる環境を整えることが求められる。

> **■演習課題**
> 　下線部①における子どもたちの考えについて書き出してみよう。

第2部　実践編—環境を通した活動の実際—

7　文字や数量への興味関心に関する事例

(1)　文字への興味・関心を育てる事例

●事例の概要

　4歳児11月。教育実習生がクラスで3週間の実習を行い、明日は最終日という日の午後。クラスのなかでも実習生によくなついていたタツヒロが、お弁当の後に「そうだ、いいこと考えた！」と言い、保育者に話しかける。

> **事例1**　お手紙を書きたい！（4歳児）
>
> タツヒロ：先生、田中先生（実習生）にお手紙書きたい。
> 保育者：そう。田中先生にお手紙を書くの。いい考えね。
> タツヒロ：あのね、前に一緒にしっぽとりしたでしょ。タツといっぱい遊んでくれたから『ありがとう』って書くの。
> 保育者：そうなの。タツちゃんからお手紙もらったら、田中先生喜ぶわね。
> 　保育者は、タツヒロに紙と鉛筆を渡し、タツヒロが書こうとしている様子を見守っている。
> タツヒロ：うーん。（しばらく迷った様子の後）『あ』は、こんな形？①
> 保育者：（タツヒロの手の上から手を添えて）一緒に書いてみようか。
> タツヒロ：うん。
> 　タツヒロは、うれしそうに保育者に手を添えてもらって『あ』と書く。
> 保育者：できたね。次は…。
> タツヒロ：次は、『り』だ。これはタツできる。
> 　タツヒロが『り』と書き保育者を見上げる。
> 保育者：すてきに書けたね。
> タツヒロ：『が』は、『か』に点、点だよね。
> 　タツヒロは紙に書くが『か』が鏡文字になっている。②
> 保育者：（『かがく』の絵本をもってきて）タツちゃん、『が』という字はむずかしいけれど、できたかな。
> 　保育者は『かがく』の絵本をタツヒロの側に置く。すると、そばで見ていたユキが『かがく』の絵本とタツヒロの書いている字を見比べる。
> ユキ：（鏡文字になっている字を指さして）タツちゃん、これ、違う。
> タツヒロ：（2つの文字をじっと見比べて）あっ、本当だ。（『かがく』の絵本を見ながら）『が』は、こんな。（字を書き直す）
> 保育者：（タツヒロの様子を見守りながら）タツちゃんがお手紙を書いているから、ここにあいうえおの字が書いてある表を貼っておくね。
> 　保育者は、「あいうえお表」をホワイトボードに貼り、タツヒロの机のそばに移動する。③

ワンポイント▶
タツヒロは文字を読むことはできるが、まだ十分に書けない。

ワンポイント▶
4歳のこの頃は、鏡文字や記号のような形の文字を書くことが、発達上多くみられる。

ワンポイント▶
形を見比べることで、子どもが自分で違いに気づいたり、文字の形を真似ながら覚えたりすることができやすくなる。

7 文字や数量への興味関心に関する事例

> タツヒロ：うん。タツね、字を書くのが得意になったよ。次は、『と』だ。ユキちゃん、『と』ってこうだっけ？
> 　タツヒロは「あいうえお表」から『と』を探して、形を確認して書いていく。
> 保育者：（うなずきながら）そうね。『と』という字はこういう形ね。タツちゃんよく見たわね。
> 　保育者は、にこにこうなずきながら、タツヒロとユキが「あいうえお表」を見ながら相談して文字を書くのを見守る。
> タツヒロ：先生、できた！これを田中先生にあげるの。でもタツがお手紙書いたことは内緒にしていてね。
> 　タツヒロはとてもうれしそうな表情だ。
> 保育者：すてきに書けたわね。先生がお手紙を入れる袋を用意しようかしら。
> タツヒロ：先生、ありがとう。じゃ、タツは絵を描く！

◀ワンポイント
子どもが自分で「できた」「またやりたい」という気持ちや満足感がもてることが大切である。

● 考察・留意点

　現代の子どもを取り巻く生活環境には、文字や数字・表示記号などがあふれており、子どもは日常生活のなかで出会った文字や数字などを見様見真似で書いたり読んだりする。しかし、4歳のころは、文字を読めても書くことができなかったり、鏡文字や記号のような形の文字を書いたりすることが、発達上多く見られる。

　そうした子どもの実態を踏まえながら、園生活のなかでは、絵本や手紙などにふれる機会を上手に生かして、文字や記号などの役割に対する子どもの関心を高めたり、理解を促したりすることが大切である。

　その際、子どもに文字や記号を教え込むのではなく、その子どもが「知りたい、使いたい」という必要感がもてるような状況で、必要に応じて、無理なく文字や記号を伝えていくことが重要であり、指導のポイントでもある。保育者は、文字の正しい形や書き方を教えようとするあまり、子どものやる気を損なうことがないように留意したい。幼児期に子どもが、「自分で読めた」「書けた」という成功感や充実感をもち、文字や数字・表示記号などへの興味・関心を高めておくことが、小学校以降への学習意欲につながることを忘れてはならない。

　また、読み書きに対する関心や能力は個人差が大きいことにも配慮し、文字が読めない子どもでも学級で日常生活をしていくうえで困ることがないように、園内の表示に文字とともに絵表示を描き入れる等の工夫をすることが望ましい。

第2部 実践編―環境を通した活動の実際―

■演習課題
・下線部①の場面のように子どもが聞いてきたときに、どう対応するだろうか。また、この保育者はタツヒロの手をもって一緒に文字を書いたが、タツヒロはそのときどのような気持ちだっただろうか。
・下線部②のように、子どもが鏡文字を書いたり、正しくない文字を書いたりしたときに、どのように対応するだろうか。この場面では、正しい文字が書けることが大切なのか、手紙で自分の気持ちを伝えたいという子どもの思いが大切なのか、どのように考えるだろうか。
・下線部③のように、保育者はなぜこの場面で「あいうえお表」を提示したのだろうか。また、表を見せたことで、子どもたちの動きがどのように変わっただろうか。

7 文字や数量への興味関心に関する事例

(2) 数量への興味・関心を育てる事例

●事例の概要

　5歳児5月。砂場で5～6人の子どもが遊んでいる。すると、シンジとケンが「こっちが多いに決まっている」「多いのは、こっちだ！」と言い争いをはじめた。近くにはさまざまな大きさのカップがあり、シンジは四角い青のカップ、ケンは円錐形の黄色のカップを手にもっている。

> **事例2** どっちが多い？（5歳児）

保育者：どうしたの？　何をもめているの？
シンジ：ほら、見て。こっちの方が大きいからいっぱい水が入るんだよ。
ケン：そんなことないよ。こっちのほうがいっぱい入るよ。前にやったことがあるんだから。本当だよ。
保育者：（2人の話をうなずきながら聞き）どっちのカップに水がいっぱい入るのかを競争しているの？どっちなんだろうね？（つぶやく。）
アイ：私はシンジ君のほうだと思う。
ユキ：えっ、ケンちゃんのほうが大きいみたいだけど…。
保育者：どっちがいっぱい入るだろうねえ。先生も迷っちゃうな。
　保育者も迷ったような様子を見せ、子どもたちの会話を引き出す。
マユミ：この2個どっちが大きいかを比べたら。貸して。
　シンジとケンの容器を両手に取り、並べる。
保育者：なるほど、入れ物の大きさを比べてみるのね。
マユミ：黄色の方が大きいからケンちゃんの勝ち！①
シンジ：違うよ。よく見てよ。僕のは背は小さいけど太ってるでしょ。②
ケン：太ってるってどういうこと？
　ケンは、シンジの言うことが理解できない様子で憤慨している。
シンジ：だから、こっちが大きいってことだよ。
　シンジは、うまく説明できずに困った様子だ。
保育者：シンジ君が言いたいのは、背の高さだけじゃなくて、横の大きさも見てということみたいよ。（カップを指しながら話す。）

◀ワンポイント
子どもは、容積という考え方にはなかなか至らない。初めは、大きさや数に注目するのが自然な姿である。

◀ワンポイント
大きさを比べるときには、高さが高いほど大きいと考える子どもが多い。

第2部　実践編―環境を通した活動の実際―

シンジ：そうだよ。だからどっちが大きいか、わからないでしょ。
保育者：背の高さだけじゃどっちが大きいのか分からない、っていうことね。すごいことに気がついたね。
　　　子どもたちは、シンジの言う意味がわかり「そうか…」という表情で、黙って考えている。保育者も一緒に考える様子を見せながら見守る。
マユミ：また、いいこと考えた！2個のカップにお水を入れてどっちがいっぱい入るか見るのはどう？③
シンジ・ケン：いいよ。いいよ。やろう。
　　　シンジとケンは、それぞれのカップに水を入れ、「いっせーのせ、で一緒にこぼそう」と同時にこぼしたり、「このお皿に入れよう」と別々の皿に水を空けたり、いろいろな方法を試すが、なかなか二人とも納得する答えに至らない。
保育者：（しばらく様子を見た後で同じ大きさのペットボトルを2本もってきて）「このなかに水を空けてみるのはどう？④
　　　シンジとケンは「いいね」と言いながら、早速それぞれのカップに水を汲み、ペットボトルに移し替える。
保育者：こうすると、カップの形がバラバラでも、どっちがいっぱい入るかわかるかな。
シンジ：あっ、僕のほうがちょっとだけ上まで水がきているよ。
ケン：本当だ。シンちゃんのほうが上まできている。

> **ワンポイント▶**
> 砂場遊びや色水遊びなど、さまざまな遊びのなかで、子どもは量に関心をもつようになる。

> **ワンポイント▶**
> 目に見える形で子どもに違いがわかるようにすると、子どもは自分たちで量ることができる。こうした経験が、知的好奇心や小学校以降の学習にもつながる。

●**考察・留意点**

　子どもは、生活や遊びのなかで、数や量の違いに気づいていく。事例のように、砂場遊びや色水遊び・積み木遊びなどで、最初は遊具や用具の数や大きさ・形の違いに注目し、それらをさまざまに組み合わせて遊ぶなかで、数量や図形への興味・関心を高めている。

　また、年長になると、保育者や友だちと一緒に人数を確認してゲームのチーム分けをしたり、どちらが長いか大きいかを比べたりするなど、数量についての意識が高まり、正確に量ろうとする姿も見られるようになってくる。

　しかし、大きさを比べるときに容器や積み木の高さが高いほど大きいと考えたり、大きさが異なる入れ物でも同じ回数入れたら同量だと考えたりする様子がしばしば見られる。また、ごっこ遊びなどで「1000000」のように0をできるだけたくさん書き込んだお金をつくったり、100円払ったのに1000円のおつりを渡したりする様子もよく見られる。これは、この時期の子どもがまだ数量の正確な意味を知らずに数量や図形を遊びや生活に取り入れて使っているために起こることであり、子どもの発達の状態からみて当然の姿である。

　幼稚園では、日常生活のなかで子どもたちが使っているものを利用したり、目に見えるように数量を表したりして、子どもが数えたり量ったりすること

を楽しみながら経験し、数量に対する知的好奇心を培っていくことが重要である。

その際、子どもの実態にあわせて、たとえば4歳児なら保育者が「こちらのほうが大きいわね」「この入れ物のほうがたくさん入るわね」などと教えながら数量への関心を高める。5歳児には保育者が最初から答えを示してしまわずに、さまざまな物を使い、さまざまな方法を試しながら、子ども自身が「こうかな」「こっちのほうがいいかもしれない」「こうすればいいんだ」などと、気づいたり考えたりしていく機会をつくることが求められる。このようにして、子どもの状態にあわせた指導・援助をしていくことが、子どもの知的好奇心の育成につながるのである。

■演習課題
・下線部①②の場面のように、子どもたちは、量の違いをはかるために、まず容器の大きさの違いに注目している。このような場合、あなたなら、どのように対応するだろうか。子どもたちに何に気づいてほしいだろうか。
・下線部③のように、容器の形や大きさではなく、なかに入る容量を量ろうという考えが出てきた。こうした考えが出てくるようにするためには、子どもたちがこれまでにどのような経験を積んでいることが必要だろうか。
・下線部④のように、保育者は、なぜここで同じ大きさのペットボトルを提示したのだろうか。また、この保育者の働きかけによって、子どもたちは何に気づいたかを考えてみよう。

8 園行事や地域との交流の事例

(1) 生活発表会

●事例の概要

　生活発表会は、子どもたちの家庭や園での生活の積み重ねと遊びの延長線上にある行事である。発表の仕方はさまざまであり、合奏やダンス、劇遊びがイメージされがちであるが、子どもの興味のあることや上手になった姿を発表することも多い。子どもの日常の育ちや学びを子ども同士、保育者、保護者が共有する場でもある。子どもと保育者が共通の目標をつくり出し、協力しながら活動していく過程が重要である。

> **事例1**　「もっとこうだよ」（5歳児）
> 　生活発表会では、年長クラスで「浦島太郎」を行うことになった。劇のセリフや振りつけは子どもたちが決めていく。亀が子どもたちにからかわれている場面では、亀と子どもたちの表現の仕方で子どもたちにさまざまな意見が見られた。
> 　亀役は、ソウタだ。シンイチは、「亀は、もっとこうやって身体を丸めればいいんじゃない」と伝えた。亀役のソウタは、「こう」と言って、シンイチの言うとおりに寝転がり、身体を丸める。シンイチは「もっと、こうだよ。顔も変えなきゃだめだ」と強い口調で伝えた。ミズキは、「それじゃあ、声が大きく出せないんじゃない。小さくなるだけでもいいんだよ」と言った。
> 　その様子を見守っていた保育者は、「ここは、どうしたいの」と声をかけた。シンイチは「痛いことがわかるようにしたいんだよ」と言うと、ソウタは、「だったら、お面の顔をかえればいいんじゃないの」と提案した。保育者は「なるほど、そうか。嫌な気持ちを伝えたいんだね」と受け入れた。
> 　子どもたちは、亀が子どもたちにからかわれているやり取りの場面で、亀役のソウタの動きでは悲しい気持ちが伝わらないことを感じていた。保育者も表現の仕方を提案しようと考えていたが、シンイチから提案があった。子ども同士の対話からもイメージしていることは伝わるが、それぞれにズレが生じていた。保育者の一言は、お互いの意見をすり合わせ、具体的な表現の仕方の発見を促したものだった。

●考察・留意点

　劇づくりは子ども同士の対話を大切にしながら展開されることが重要である。そのためには、子どもが題材を選ぶことや子ども同士のイメージのズレに対して保育者が援助を行うといった配慮や援助が重要である。

8 園行事や地域との交流の事例

事例1では発表会の一場面での子ども同士の対話を取り上げた。しかし、このような対話はすぐに成り立つものではなく、日々の生活での積み重ねにより産出されるものである。保育者は、日頃の生活のなかでも、一人ひとりの気づきや発見、伝え合いを見守りながら、情報を整理し、活動を介して子どもを理解していく必要がある。

■演習課題
・題材設定から生活発表会までの指導計画を作成してみよう。その際、継続的に楽しめる遊びになるように、異年齢児とのかかわりを含めて考えてみよう。
・劇の配役について、子どもたちが希望する配役は、どのような決め方があるだろうか。

(2) 運動会

●事例の概要

運動会を通して子どもたちが経験する内容は、年齢や発達段階等により、個々の子どもによって異なる。年間指導計画においても、子どもの育ちにおける運動会の位置づけが示されているであろう。

年齢の異なるさまざまなクラスが参加する行事である運動会では、乳児や3歳未満児、3歳以上児でその内容は異なる。乳児や3歳未満児であれば、「親子での触れ合いを楽しむ」内容を検討するであろう。一方、3歳以上児であれば「日々の保育の過程を踏まえ、個々のもつ力を存分に発揮し、得られた達成感により自己肯定感の向上」が図れるような内容の検討が必要であろう。

事例2 ユウガくんと一緒にリレーがしたい（5歳児）
年長児32名（男児15名、女児16名）の最後の運動会は、オリンピックがテーマだった。最終種目である年長児の全員リレーは、毎年恒例のメイン競技だった。年中児の時に見た年長児の白熱したリレーの様子は、クラスの子どもたちにも大きな印象となり、4月から担任はリレーを楽しむ機会を作ってきた。
クラスには、脳性麻痺の障害のあるユウガくんが在籍しており、電動車いすで生活していた。担任と保護者が話し合い、運動会のリレーには参加しないことが決まっていた。
子どもたちは、日々の遊びの中で、リレー競技は、走る順番によっても順位が変わることを理解するようになってきた。担任は「運動会で走る順番をみんなで決めよう」と提案した。やはり人気なのは、最初に走る人とアンカーだった。そんななか、

ハルカから、「先生、ユウガくんもリレーに出られないかなぁ」と提案があった。担任は「どうやったら、ユウガくんもリレーに参加できるかな」と投げかけてみた。一番初めに走りたいと言っていた子どもたちが「ユウガくんが一番に走ったらいいんだよ」と意見を出してくれた。担任にはイメージがわかなかったが、「なるほど。どうやるの」と聞いてみると、「みんなの２つのバトンをスタートまで届けてもらうんだよ。だからユウガくんが第一走者」と提案してくれた。クラスの子どもたちも、その提案には「いいね」の声が聞かれた。担任は「それは、ビックニュースだね。ユウガくんにも聞いてみるね」と伝えた。

当日のリレー競技は大成功。ユウガくんの気持ちを一番に理解していたのは、一緒に生活する子どもたちだった。

●考察・留意点

クラスにはさまざまな思いをもって運動会に参加する子どもがいるであろう。走ることが得意な子ども、そうではない子どももいる。得意な子どもにとってはリレーのような競技は、大きな活躍の場になるであろう。しかしそうではない子どもにとっては、不安な場であることも考えられる。期待感だけではなく、不安や葛藤も経験しながら勝負の経験を重ねていることへの配慮が必要である。また、事例２のように、障害のある子どもにとっても個別の配慮をもとに参加の機会を保障することが重要である。子どもたちの障害の理解に対する発達段階についても理解しておく必要がある。

■演習課題
・リレーの順番を決める際の子どもたちの提案に、あなたはどのように受けとめ、どのような配慮を行うだろうか。
・障害のある子どもの運動会への参加は、どのような配慮が必要だろうか。事例２は、脳性麻痺の子どもである。他の障害（たとえば自閉症）のある子どもの特性を踏まえて、参加の困難さと配慮事項を検討しよう。

(3) 地域の発見

●事例の概要

Ａ保育所では、「子どもの心身の健やかな成長と地域の自然を大切にし、地域を知り、住み続けていきたい想いを育むこと」をねらいとした保育活動（「体験隊」）を月に２回行っている。

保育内容は、地域の食・農産物・生産者交流により、旬を感じ喜びのあふれる食を体感する活動、地域の文化財（史跡・昔話・伝統行事の復活・紙芝

居の製作）を知る活動が行われた。地域のさまざまなところへ出かけ、そこで働く人や地域活動に従事する人からも興味深い話を聞くことができた。

> **事例3** 「探検隊」による地域の発見（4・5歳児）
>
> 「体験隊」の実施日には、カラー写真を使った新聞紙を即日に発行した。保護者に活動の様子を伝えることで、親子で感動体験を共有できることをねらいとした。子どもが「体験隊」で経験した感動体験をきっかけとして、親子のかかわりの増加と地域への郷土愛を促進するものになればと考えていた。また、保育所としては、地域の住民とともに地域が活性化されることを期待した。
>
> 保育者は活動の評価として、保護者にアンケート調査を実施した。保護者からは、「保育園での活動の様子がよくわかり本当に嬉しい」「親子の会話が増えた」「体験時に子どもが行った場所に親子で行ってみたい」などの感想を得ることができた。
>
> 保育者は保育活動が、子どもの体験になるだけでなく、家庭でのコミュニケーションを促進することにも役立っていることを認識した。

「体験隊」の新聞

●考察・留意点

　「体験隊」の活動が、肯定的な結果を得た背景には、保育活動の伝達方法が有効であったのではないかと考えられる。A保育所は「体験隊」の活動日には、即日にカラー写真を使った新聞を発行した。保育活動を可視化し、保護者に伝えることで、子どもの様子と家族の感情が共有されたものと考えられる。子どもたちが体験している活動を保護者に伝えていくことは、保護者の保育所への理解を促し、子育ての支援にもつながるものである。

> ■演習課題
> ・保護者に対して子どもの生活の様子を伝える方法として、どのような方法があるかを調べてみよう。
> ・インターネットによる地域検索を行い、自身の暮らしている地域の公共施設や公園、商店などのマップをつくってみよう。

(4) 多文化を理解する

●事例の概要

　私たちの周りには多くの外国籍の人が身近に存在しており、日本においては多様な文化的な背景をもつ人々が多数暮らしている。幼稚園や保育所等の就学前施設においても外国籍の子どもが多数生活している。私たちが文化の異なる人々と交流する出会いの場は増えており、幼稚園や保育所等の就学前施設もその一つである。したがって、外国籍の子どもと生活を共にすることは、子どもたちにとっても外国人の方々がどのような生活をしているのか、「多文化」を理解するためのよい機会となる。

> **事例4** 食から広がる多文化理解（3歳児）
>
> 　サトちゃん（3歳）の母親は中国籍である。父親と祖父母は日本人だが、保育所に入園してから、他の保護者との交流はあまり見られないようだった。春の親子遠足の前には、父親から連絡帳に「母親が遠足への参加が不安であるのでお休みしたい」と記述されていた。保育者は送迎時に母親に声をかけ、しぶしぶだったが、遠足に参加することとなった。
>
> 　遠足の当日、サトちゃんはとても楽しみな様子だったが、母親はやはり不安な様子だった。お弁当の時間のことだった。サトちゃんは、仲良しのハルトくんと一緒にご飯を食べることになった。保育者も一緒に仲間入りし、お弁当を食べ始めた。すると、ハルトくんが「サトちゃんのおいしそう」と、サトちゃんのお弁当に入った麻花（中華風のかりんとう）を見つけ、周りに伝えた。サトちゃんの母親は、「どうぞ」とハルトくんのお母さんにも差し出した。周りのお母さんたちもサトちゃんのお母さんに声をかけ、お母さんの表情はいっぺんに明るくなった。解散の時には、お母さん同士で連絡先を交換する様子も見られた。保育者は、もっと早くサトちゃんのお母さんが安心できる方法があったのではないかと、その日のことを振り返った。

●考察・留意点

　外国籍の保護者に安心感を与えるためには、密接なやりとりが必要であり、困っていることを具体的に聞き、その気持ちを理解することが重要である。事例4のような保護者が参加する行事では、保護者の同意を得たうえで、保護者会や役員の保護者に事前に紹介することなども、保護者同士の交流のきっかけとなると考えられる。また事例4では、他児の食の違いに気づき、興味を示したことがきっかけとなった。子どもの興味や関心から多文化への理解に向けた保育内容を展開していくことも可能である。

■演習課題
・事例4のような外国籍の子どもの食事から、他児が興味や関心を示すこととなった。上記をきっかけとして、子どもたちの多文化への興味や関心をどのように広げていくとよいだろうか。
・あるきっかけで、子どもたちは裸足で生活する外国籍の子どもたちの写真を目にした。子どもから、「なぜ裸足なの」と問われたときに、どのように応答するとよいだろうか。また、持続可能な開発目標（SDGs：Sustainable Development Goals website）についても調べてみよう。

参考文献

1）利根川彰博『共同的な活動としての「劇づくり」における対話――幼稚園5歳児クラスの劇「エルマーのぼうけん」の事例的検討――』『保育学研究』第54巻第2号日本保育学会　2016年　pp.49－60
2）北原理恵・松村良直・齊藤勇紀『地域活動「体験隊」の取り組みから得られる保育活動の評価――保護者の自由記述から得られた計量分析による一考察』『日本子育て学会第8回大会発表論文集』2016年　pp.44－45
3）国際連合広報センター「持続可能な開発目標（SDGs）とは」(http://www.unic.or.jp/activities/economic_social_development/sustainable_development/2030agenda/)

索　引

あ―お

ICT機器　15, 105
愛着関係　43
アクシデント　121
アクティブ・ラーニング　32
遊び　34, 38, 73, 123, 137
遊びを通して行う　24
アプローチカリキュラム　117
安心感　56
安全　119
安全マニュアル　126
生き物　65, 91, 156
異年齢（の子ども）　50, 75, 142
命を守る　119
意欲　52
運動会　103, 137, 169
運動的な遊び　63
エコロジー　97
絵本　28, 83, 104
園外保育　103
園具　20, 54, 55
園庭　73, 96
園庭探検　19
屋外環境　73, 150
屋内環境　60, 153
おじぎ草　134
落ち葉　78
思いやり　149
折り紙　36, 62

か―こ

外国籍の子ども　172
学習指導要領　109, 112, 117
数（数量）　79, 162
片づけ　55
学校運営協議会　107
学校教育法　22, 23
過程の質　13
カリキュラムマネジメント　116
環境　10, 14, 20, 33
環境教育　34, 41, 96
環境（の）構成　15, 35, 152, 157
環境を通しての教育　12, 24
玩具　28
間主観的見方　10
感情体験　74
感性　27
危険　121
危険回避能力　124
危険予知能力　124
基本的な生活習慣　60
教育　23
教育課程　13, 104, 112
行事　101
協同性　130
興味　35
草花　75, 92
劇づくり　168
ゲストティーチャー　52, 107
健康な心と体　113
好奇心　34, 44, 66
構造の質　13
交流活動　114
高齢者　51
五感　27, 61, 85
国際理解　31, 101
国旗　105
ごっこ遊び　62, 65
固定遊具　75, 140
昆虫　91, 153

さ―そ

飼育物　66
自覚的な学び　112
四季の変化　84
事故　121
試行錯誤　21, 44, 59, 61, 66
思考力　113
自己肯定感　47
自己有用感　51, 110
資質・能力　32
自信　47, 52
自然環境　21, 78, 84, 95, 120, 150
自然事象　84
自然との関わり・生命尊重　88
自然の変化　84
持続可能な社会のための教育（ESD, EfS）　95
視聴覚教材　105
指導計画　109
社会性　149
社会生活との関わり　109
社会的環境　101
社会に開かれた教育課程　109
集団遊び　76
主観的見方　10
主体性　24, 43
小学校との連携　112
情緒の安定　26
小動物　64, 66
情報機器　105
植物　91, 92, 98, 158
自立心　113, 129
身体機能　61
人的環境　20, 42, 46, 48, 151
信頼関係　24, 26, 42, 43, 142
スイカ　159
水族館ごっこ　66
スキンシップ　27
図形　81
スタートカリキュラム　115, 116
砂場　75, 76, 138
生活科　116

生活発表会　103, 168
生命の保持　26
全体的な計画　13, 30
素材　20, 37, 54, 65

た―と

対話的な学び　50
多文化　172
探究心　35, 44
地域環境　34, 106
築山　140
チョウ　92, 94, 153
直接的体験　30
土や砂　97
積み木　65
テラス　64
伝統文化　107
道具　65
動（植）物　86, 88, 98
図書館　106
友だち　48, 137
泥だんご　44
ドングリ　92

な―の

内容　26, 35
乳児　25, 132, 134
乳児保育　25

ねらい　26, 35
年中行事　85, 138

は―ほ

バーチャルな環境　120
廃材　37, 59, 65
ハザード　121
ビオトープ　76
人・もの・こと　42, 47
避難訓練　103
ヒマワリ　93
ヒヤリ・ハット　125
物的環境　20, 53, 54, 120
保育環境　53
保育室　36, 60, 61, 153
保育所保育指針　23, 26, 29, 34, 120
ホール　62

ま―も

学びに向かう力・人間性等　32
学びの芽生え　112
ままごとコーナー　36, 142
身近な環境　14
水　98
水たまり　78
文字　82, 105, 162
モニタリングの質　13

や―よ

野菜　92, 152
遊戯室　62
遊具　21, 54, 55
養護　23
幼児期における教育（ECEfS）　95
幼児期の終わりまでに育ってほしい
　（10の）姿　32, 88, 109, 112, 129
幼児期の学びの連続性　23
幼稚園教育要領　20, 23, 34
幼保連携型認定こども園　22
幼保連携型認定こども園教育・保育
　要領　23, 29
予防措置　122

ら―ろ

落下危険防止用マット　122
リスク　121, 123
リスクマネジメント　121
量　80
領域「環境」　14, 20, 29, 35, 85, 86
ルール　78
連携カリキュラム　115
廊下　64

■編者紹介

秋田　喜代美（あきた　きよみ）
学習院大学文学部教育学科教授、東京大学名誉教授

主要著書『写真で語る保育の環境づくり』（共編著）ひかりのくに
　　　　『保育の心意気：続々保育の心もち』（単著）ひかりのくに
　　　　『あらゆる学問は保育につながる』（監著書）東京大学出版会
　　　　『保幼小連携　育ち合うコミュニテイづくりの挑戦』（共編著）ぎょうせい

増田　時枝（ますだ　ときえ）
元　聖心女子専門学校講師

主要著書『保育内容・人間関係』（共著）建帛社
　　　　『幼児教育ハンドブック』（共編著）お茶の水女子大学子ども発達教育研究センター
　　　　『保育の実践・原理・内容－写真で読み解く保育』（共編著）ミネルヴァ書房

安見　克夫（やすみ　かつお）
板橋富士見幼稚園園長・東京成徳短期大学名誉教授

主要著書『話し方事例集』（共編著）フレーベル館
　　　　『新しい幼児教育を学ぶ人のために』（共著）世界思想社
　　　　『言葉とふれあい言葉が育つ』（共編著）東洋館出版社

箕輪　潤子（みのわ　じゅんこ）
武蔵野大学教育学部教授

主要著書『遊びがもっと魅力的になる！ 3・4・5歳児の言葉がけ―砂場編―』（単著）明治図書

新時代の保育双書
保育内容　環境［第3版］

2006年5月5日	初版第1刷発行
2007年2月5日	初版第2刷発行
2009年2月28日	第2版第1刷発行
2017年3月1日	第2版第7刷発行
2018年3月31日	第3版第1刷発行
2024年3月1日	第3版第6刷発行

編　　者　秋田喜代美・増田時枝・安見克夫・箕輪潤子
発行者　竹鼻均之
発行所　株式会社みらい
　　　　〒500-8137　岐阜市東興町40　第5澤田ビル
　　　　TEL 058-247-1227（代）
　　　　https://www.mirai-inc.jp
印刷・製本　サンメッセ株式会社

ISBN978-4-86015-447-9　C3337
Printed in Japan　乱丁本・落丁本はお取替え致します。